大型轨道交通枢纽工程风险控制关键技术研究与实践

洪成雨 陈湘生 陈伟斌 朱旻 邱桐 秦晓琼 主编

中国建筑工业出版社

图书在版编目（CIP）数据

大型轨道交通枢纽工程风险控制关键技术研究与实践/洪成雨等主编.—北京：中国建筑工业出版社，2024.6.—ISBN 978-7-112-29970-6

Ⅰ.U239.5

中国国家版本馆 CIP 数据核字第 20244B0Y07 号

本书共分为 8 章，系统地探讨了大型地下异形异构结构体系的理论、智能感知与安全控制。第 1 章介绍研究背景和技术路线，阐述研究的必要性和科学意义；第 2 章至第 4 章深入分析地下结构接头的承载性能和传力模型，探讨了异形构件的承载力演化及其恢复特性，并建立了相应的理论模型；第 5 章至第 7 章聚焦地下空间施工阶段的监测难题，提出了高精度结构感知技术体系，包括多界面耦合机理模型和基于直立型石墨烯的监测技术；第 8 章探讨了大型轨道交通枢纽结构体系变形控制的新技术和策略，有效提升了结构安全性和施工效率。

本书可供地下结构工程师、设计师和研究人员等参考使用，为高风险地下建设领域提供了迈向更安全与更高效的关键技术支持和理论依据。

责任编辑：曹丹丹　王砾瑶

责任校对：赵　力

大型轨道交通枢纽工程风险控制关键技术研究与实践
洪成雨　陈湘生　陈伟斌　朱旻　邱桐　秦晓琼　主编

*

中国建筑工业出版社出版、发行（北京海淀三里河路 9 号）
各地新华书店、建筑书店经销
北京龙达新润科技有限公司制版
天津画中画印刷有限公司

*

开本：787 毫米×1092 毫米　1/16　印张：7¼　字数：172 千字
2024 年 6 月第一版　2024 年 6 月第一次印刷
定价：68.00 元
ISBN 978-7-112-29970-6
（43064）

版权所有　翻印必究
如有内容及印装质量问题，请与本社读者服务中心联系
电话：（010）58337283　QQ：2885381756
（地址：北京海淀三里河路 9 号中国建筑工业出版社 604 室　邮政编码：100037）

6.4.5　基体材料对传感性能的影响研究 / 81
　　6.4.6　温度对传感性能的影响研究 / 84
6.5　直立型石墨烯应变传感器试验验证 / 85
　　6.5.1　混凝土开口梁裂缝变形监测 / 85
　　6.5.2　土工格栅拉伸变形监测 / 86
6.6　本章小结 / 87

第7章　基于机器视觉的位移场感知技术研究 / 89

7.1　引言 / 89
7.2　基于机器视觉的地铁隧道变形点目标高精度实时识别方法 / 90
　　7.2.1　现场标定 / 91
　　7.2.2　技术指标 / 94
7.3　基于机器视觉济南轨道交通 R2 线智能测量 / 94
　　7.3.1　工程简介 / 94
　　7.3.2　系统简介 / 94
　　7.3.3　现场实施 / 95
7.4　本章小结 / 96

第8章　大型轨道交通枢纽围护结构自动化协同控制系统 / 97

8.1　引言 / 97
8.2　钢支撑轴力伺服系统 / 97
　　8.2.1　概述 / 97
　　8.2.2　适用范围及工艺原理 / 98
　　8.2.3　施工工艺流程及操作要点 / 99
8.3　D 型一体化智能支撑头总成系统 / 106
8.4　同步顶升系统 / 107
8.5　本章小结 / 108

参考文献 / 109

第 4 章　大型轨道交通枢纽异形异构结构体系力学时空演化机理 / 28

4.1　引言 / 28
4.2　异形异构结构体系的有限元分析模型与参数 / 28
4.3　异形异构体系典型破坏模式 / 30
4.4　异形异构体系复杂工况的有限元模型分析 / 31
　　4.4.1　异形异构体系结构有限元模型 / 35
　　4.4.2　有限元结果分析 / 37
4.5　本章小结 / 39

第 5 章　基于准-全分布光纤的结构多参量感知理论与技术 / 40

5.1　引言 / 40
5.2　光纤光栅与被测基体耦合机理研究 / 41
5.3　分布式光纤与被测基体多接触界面耦合机理研究 / 45
5.4　基于分布式光纤的岩土体变形感知技术研究 / 54
5.5　本章小结 / 56

第 6 章　直立型石墨烯的高效多源感知元件与监测装备 / 57

6.1　引言 / 57
6.2　直立型石墨烯界面应变传递机理 / 58
　　6.2.1　应变传递理论 / 58
　　6.2.2　界面模型验证 / 59
　　6.2.3　参数研究 / 60
6.3　直立型石墨烯微观结构表征与传感机理 / 64
　　6.3.1　试验部分 / 64
　　6.3.2　直立型石墨烯材料简介 / 65
　　6.3.3　直立型石墨烯制备 / 65
　　6.3.4　直立型石墨烯形貌与结构表征 / 67
　　6.3.5　传感机理研究 / 70
6.4　直立型石墨烯应变传感器感知特性 / 71
　　6.4.1　老化处理 / 71
　　6.4.2　传感器大应变性能分析研究 / 73
　　6.4.3　传感器小应变性能分析研究 / 78
　　6.4.4　图案化对传感性能的影响研究 / 79

目 录

第1章 绪论 / 1

    1.1 引言 / 1

    1.2 社会经济效益 / 3

第2章 大型轨道交通枢纽异形异构结构节点承载性能传力模型 / 6

    2.1 引言 / 6

    2.2 基于固体非连续性的节点界面接触模型 / 7

        2.2.1 界面接触公式 / 8

        2.2.2 构建节点模型 / 13

    2.3 节点界面接触理论模型实现平台 / 16

    2.4 节点界面接触模型预测结果与试验结果对比 / 16

    2.5 本章小结 / 20

第3章 大型轨道交通枢纽异形构件承载力和恢复特性足尺试验 / 21

    3.1 引言 / 21

    3.2 异形空腔构件足尺纯弯试验 / 21

        3.2.1 单根PHC试验结果分析 / 21

        3.2.2 节点约束PHC试验结果分析 / 23

    3.3 预制空腔构件足尺性能恢复试验 / 24

    3.4 构件扰动后的性能恢复性 / 26

    3.5 本章小结 / 27

前 言

随着城市化进程的加速和城市功能的复杂化，大型轨道交通枢纽已成为现代城市发展的重要支点。这些枢纽不仅是城市公共交通系统的核心，也是城市经济活动的重要集散地。《国家综合立体交通网规划纲要》和《"十四五"新型城镇化实施方案》的发布，标志着我国对城市轨道交通枢纽的建设和发展提出了更高的要求，尤其是在提升城市治理能力、实现站城融合以及推动公共交通优先发展的战略方向上。

本书应运而生，旨在深入探讨如何在高风险的城市地下空间中，实现大型轨道交通枢纽的安全、高效和绿色建设。书中通过建立地下结构接头的承载性能传力模型，精确揭示了结构接头在复杂地下环境中的力学行为，并以此为基础，推动了地下结构设计的理论与实践创新。本书不仅全面描述了大型轨道交通枢纽异形异构结构体系在多尺度力学时空演化的研究，也展示了如何借助先进的感知技术和有限元分析实现结构的实时监测与控制。尤其在地下空间施工阶段，本书提出了一系列创新的技术解决方案，如多界面耦合机理模型和高精度空间结构感知技术，极大地提升了结构安全监测的精度和效率。第8章进一步探讨了大型轨道交通枢纽围护结构体系变形控制的新技术和策略，以及结构体系变形智能伺服控制技术的应用。此外，本书详细介绍了该项目在国内多个大城市如深圳、广州、重庆等地的成功应用，这些实践案例不仅证明了理论与实践的有效结合，还促进了我国大型轨道交通枢纽建设技术的进步，并在国内外学术界与工程界产生了广泛的影响。

在编撰本书过程中，引用了众多规范、规程及地方标准，并参考了相关单位与学者的文献资料，向所有贡献者表达诚挚的感谢！本书得到极端环境岩土和隧道工程智能建养全国重点实验室、国家重点研发计划项目（2023YFC3807502、2023YFC3009303）、国家自然科学基金委（52308361）等的资助，在此表示由衷的感谢。

由于编者能力所限，本书难免存在一些不妥之处，敬请广大读者批评和指正，以便我们在未来的版本中进行改进和修正。

第 1 章

绪 论

1.1 引言

2021 年《国家综合立体交通网规划纲要》提出，加快建设 20 个左右国际性综合交通枢纽城市及 80 个左右全国性综合交通枢纽城市。2022 年《"十四五"新型城镇化实施方案》提出，推广以公共交通为导向的开发模式，打造站城融合综合体，鼓励轨道交通地上地下空间综合开发利用。城市治理是国家治理体系和治理能力现代化的重要内容，要注重在科学化、精细化、智能化上下功夫，打造宜居、韧性、智慧城市。如今我国城市综合枢纽是国家城市可持续发展战略的重要组成部分与重大需求，全国有 100 个城市的交通枢纽客流量将超过 1.5 亿人/日、100 个城市的 GDP（国内生产总值）占比超过 30%。城市综合性交通枢纽是城市的立市之本、强市之基，枢纽能级跃升对巩固城市地位、发挥国家中心城市核心引擎的功能至关重要。

综合体枢纽工程的异形异构结构体系保障了市民出行安全性与舒适性，提升了建筑美感，促进了综合体建造领域的绿色低碳发展。而现实中城市综合体工程面临诸多难题与挑战，如结构体系转换风险高、异形异构结构体系受力复杂、变形控制难度大、施工事故影响巨大、相应的指导性标准规范缺乏。典型的交通枢纽综合体案例如深圳地铁大运枢纽，如图 1.1-1 所示。其面临"一大、二高、三难、四复杂"的难题。其距离运营 3 号线最近处仅 1.5m，与 14、16、33 号线四线换乘，地上-地下结构交融复杂（桥-枢纽-隧道），施工安全风险极高；异形异构结构体系复杂转换难、风险管控难、工期控制难；多重迁改复杂，交叉施工复杂，建造技术复杂，风险管控复杂。

本书围绕复杂环境下超大型地下异形异构结构体系，从理论分析、智能感知与安全控制三个方面展开创新研究，这对于理解和掌握此类结构体系具有重大意义。

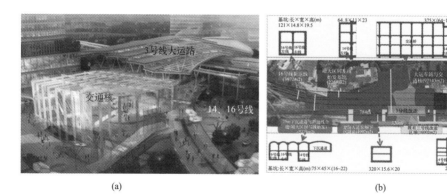

图 1.1-1 深圳地铁大运枢纽
(a) 地上、地下工程结构接口；(b) 地上、地下异形异构结构体系

项目技术路线如图 1.1-2 所示。传统地上、地下结构目前已具备成熟的理论和设计体系，但并不直接适用于地下车站力学性能的评估与设计。异形构件接头非连续导致界面传力机制复杂，异形构件频繁加卸载下构件性能下降-恢复过程难以量化；结构形式复杂，荷载、边界条件复杂，复杂施工力系转换工况下结构体系韧性阈值量化困难；地下空间施工阶段包含多种永久和临时支撑体系，结构体系复杂，地下空间受限致使监测难度大；先进的自动化技术综合成本昂贵，常规传感器质量参差不齐、耐久性差、存活率低，存在测不准、电磁干扰、自动化程度低等难题。此外，地下空间结构体系变形控制存在诸多难点，例如变形监测范围、精度和频率受限，响应慢，支撑轴力损失，难以达到微变形控制要求，人工补偿支撑轴力，调整严重滞后等问题。本书主要内容简介如下：

第 2~4 章主要针对异形构件形式复杂、复杂施工力系转换工况下结构体系韧性阈值量化困难的问题，建立了地下结构接头承载性能传力模型，揭示了复杂地下综合体结构接头传力的闭合-张开-滑移-脱离 4 个阶段，开展了地下综合体异形构件承载力和恢复特性足尺试验，阐明了异形构件承载力演化和性能恢复机理，建立了构件承载性能-韧性恢复的理论模型，揭示了异形异构结构体系转换多尺度力学时空演化机理，获得了复杂体系转换全过程异形构件受力变形特征，探明了异形异构结构体系 6 种破坏模态，获得了结构体系不同模态对应的指标阈值和结构韧性演化规律，建立节点界面接触模型，对于异形空腔构件（PHC）、异形异构结构使用 ADINA 进行有限元分析，实现了对节点-构件-体系多尺度的完整分析。

第 5~7 章针对地下空间施工阶段的多样化复杂支撑体系和结构体系所带来的监测难题，如空间限制、自动化技术的高成本等问题，进行了深入研究。文中构建了光纤与被测基体结构之间的多界面耦合机理模型，成功获取了精确感知结构应变场的剪滞效应传递系数。基于此，研发出一套融合光栅、光时域分析与光频域反射技术的点-线-网络高精度、大范围、连续空间结构感知技术体系。首次提出直立型石墨烯材料应用于高精度结构监测的关键技术，并建立了一种基于直立型石墨烯高

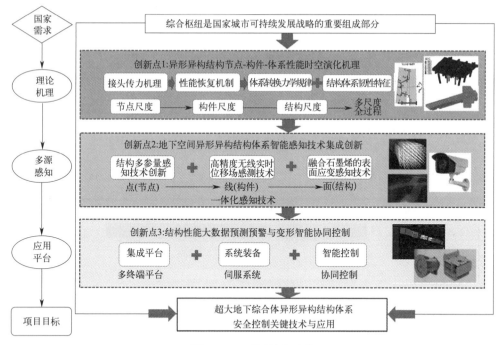

图 1.1-2 项目技术路线

分子材料的高精度、高耐久性、低成本、无线、实时、远程结构健康监测技术。此外，提出了一种机器视觉消除振动扰动误差的理论算法，构建了多坐标系转换模型以获取多自由度位移场的计算模型，并确立了标靶点位位移场的结构三维空间姿态理论算法。

第 8 章针对地下空间结构体系变形控制的诸多难点，研发了支持主流开源及国产化数据库的可视化多终端集成平台，支持主流数据格式超过 23 种，研发了超大体量数字化模型轻量化技术。第 8 章介绍了地下综合体围护结构自动化协同控制系统，包括：研发了结构体系变形智能伺服控制成套技术与装备，发明支撑轴力实时补偿系统解决大规模结构体系支撑群协同作用难题；研发自调平增压双作用液压油缸系统保障结构轴力的高效传递，发明支撑系统高精度随动自锁装置避免系统故障引发失稳；构建了基于监测平台的在线监测预测预警系统以及 D 型一体化智能支撑头总成和全自动支撑轴力伺服系统。

1.2 社会经济效益

该项目在深圳、广州、重庆、成都、杭州、厦门、福州、绍兴、南昌等地进行了推广应用，成功应用于大异形异构地下综合体开发的工程实践中。通过该项目成果的应用，解决了城市大异形异构地下综合体施工中面临的多个技术难题，保证了复杂地下综合体工程施工安全，部分成果被纳入了国家、行业规范，推动了我国城市地下空间建造技术进步，项目成果在城市地下空间开发领域达到国际领先水平，并在国内外学术界产生了重要影响，培养了一批学术骨干和高级工程技术人才。

具体应用情况如下：

（1）深圳

项目成果应用于"岗厦北综合交通枢纽""黄木岗综合交通枢纽""大运综合交通枢纽""深圳地铁 14 号线罗湖北站""深圳地铁 12 号线海上田园东站、和平站、南山站""深圳地铁 2 号线莲塘站""深圳地铁 5 号线黄贝岭站""穗莞深城际轨道交通深圳机场至前海段工程"等重大工程建设中，其中岗厦北综合交通枢纽总投资 69 亿元，黄木岗综合交通枢纽总投资 55 亿元，大运综合交通枢纽总投资 47 亿元。项目成果的应用为工程设计施工方案优化和施工过程安全监控预警提供了有力的理论指导和技术支撑，保证了城市枢纽综合体工程复杂结构体系施工安全，具有十分显著的经济社会效益与示范效应。

其中，岗厦北综合交通枢纽是国内目前最大的轨道交通单体工程，总建筑面积约 24 万 m^2，集铁路、地铁、公交、出租等"多位一体"的综合立体交通功能，是深圳市首个一次建成的四线交会站点。枢纽中庭"深圳之眼"为 $48m×51.2m$ 超大跨度空间无立柱结构体系，应用本项目成套技术解决了超大跨度地下结构体系转换、高精度结构定位和变形控制等技术难题，规避了中庭无立柱支撑变形过大导致结构垮塌的巨大风险。

黄木岗综合交通枢纽工程是深圳地铁 7 号线、14 号线和 24 号线三线换乘枢纽，是国内首次在城市地下空间中应用超大规模 V 形斜柱结构体系的复杂枢纽工程，V 形柱单根长度最长 40m，直径 1.8m，应用本项目成套技术实现了 V 形柱定位误差毫米级，结构体系多次转换变形安全可控。枢纽地下 V 形柱结构体系荣获国际隧道协会 2022 年度"地下空间创新贡献奖"，成为具有国际影响力的地下空间代表性工程。

大运综合交通枢纽是深圳东部集城际、快线、普线于一体的四线交会的综合交通枢纽，该枢纽地下三层、地上二层，建筑面积约 17.32 万 m^2，相当于 17 个标准车站建设体量。应用本项目技术解决了复杂结构组装浇筑、多次受力体系转换安全控制等一系列技术难题，保证枢纽主体结构安全前提下提前 4 个月封顶，体现了"深圳速度"。

（2）广州

项目成果应用于"珠三角输水隧道项目""广州地铁 7 号线二期工程""广州地铁 13 号线二期工程"等工程项目中，利用超大异形异构地下综合体施工安全智能控制关键技术，解决了工程重大安全风险难题。采用异形异构结构性能分析理论优化设计施工方案，综合智能感知技术和工程风险预测预警平台实时感知评估结构性能状态并提前预警，通过结构变形智能主动控制技术实现结构施工全过程变形的精细化控制。保证了地下异形异构结构体系施工安全，缩短了工期，取得了显著的经济和社会效益。

(3) 重庆

项目成果应用于"重庆轨道交通4号线西延伸段工程"。采用轨道交通工程数字化建设管理平台与智慧工地平台,实现了全线项目建设过程的精细化管控和动态管理,有效控制了建设风险,提高工程建设数字化管控水平和管理能力。

(4) 成都

项目成果应用于"成都轨道交通18号线工程"。采用基于工程云平台的数字化设计管理系统、建筑管理系统、运维管理系统,减少了设计变更,实现了可视化、精细化、移动化的施工信息管理和风险管控,保证了轨道交通建设期安全。

(5) 杭州

项目成果应用于"杭州地铁三期工程""杭州至绍兴城际铁路工程"。通过城市轨道交通工程数字化多级安全管控平台,实现了工程整体风险管控、数据汇总分析、动态风险源跟踪、风险提示及预测、总体风险情况展示等核心安全管理功能,保障了地铁工程安全、平稳实施,确保邻近建筑物、管线、道路等安全,提高了安全管理效率,在节省工期及人力资源投入等方面发挥了较大作用,经济及社会效益显著。

(6) 厦门

项目成果应用于"厦门市轨道交通3号线厦门火车站、湖滨东路站、人才中心站、湖里公园站、华荣路站、创业桥站、安兜站、湖里法院站、双十中学站、湖里法院站工程"。采用分布式光纤、机器视觉和石墨烯传感等综合智能监测技术,以及主动伺服变形控制技术,对工程施工进行指导,解决了工程重大安全风险难题。

(7) 福州

项目成果应用于"福州滨海快线(福州至长乐机场城际铁路项目)1标福州火车站、东门站、闽都站、南公园站、三叉街站、盖山站工程"。采用大范围分布式光纤和机器视觉融合的智能监测技术,实现了复杂结构体系变形的精准监测,通过变形预测和风险预警,指导优化施工,采用变形主动控制技术实现了结构变形控制,有效避免了施工面临的安全风险。

(8) 绍兴

项目成果应用于"绍兴城市轨道交通1号线工程"。采用BIM工程数字化平台,实现了工程质量和安全管理,有效降低了施工风险,提升了轨道交通数字化应用和管理水平,经济和社会效益显著。

(9) 南昌

项目成果应用于"南昌轨道交通3号线/4号线/1号线/2号线延长线工程"。通过南昌轨道交通土建安全风险管理平台,实现了工程整体风险管控、数据汇总分析、动态风险源跟踪、风险提示及预测、总体风险情况展示、监测数据上传及分析预测等系列风险管控功能,为轨道交通结构安全与运营安全提供了保障,经济及社会综合效益显著。

第 2 章
大型轨道交通枢纽异形异构结构节点承载性能传力模型

2.1 引言

传统地上地下结构目前已具备成熟的理论和设计体系,但并不直接适用于大型轨道交通枢纽异形异构结构节点力学性能的评估与设计,主要表现在以下几个方面:①节点类型存在显著区别。常规结构采用连续节点以保证整体性和抗震性能,而大型轨道交通枢纽节点具有形态多、尺寸大和配筋量高的特征。②缺乏理论和设计指引。由于此前未有相关经验,大型轨道交通枢纽节点多采用试验拟合模型。目前工程设计人员在多个城市开发了新的结构形式,不同类型的大型轨道交通枢纽节点呈现出尺寸、形态和性能各异的特征,故试验拟合模型不能满足日新月异的大型轨道交通枢纽节点性能评估和精细化设计需求。③缺乏节点抗弯性能的深刻认知。节点纯弯试验表明,仅考虑轴力约束下异形节点性能快速衰退,容易比同截面连续构件提前破坏,形成明显的薄弱环节。基于试验结果和对节点性能认识的不充分,目前大型轨道交通枢纽普遍采取扩大节点尺寸等措施进行保守设计。这不仅增加了大型轨道交通枢纽结构的高度和宽度,也增大了土方开挖量进而提高了造价,这明显与促进"双碳"目标是背道而驰的。因此,大型轨道交通枢纽节点的性能评估和设计方法是目前大型轨道交通枢纽发展的关键瓶颈,解决该问题有望显著提高节点性能并优化大型轨道交通枢纽结构,具有明显的理论价值和现实意义。

地下结构节点是由独立的、非连续的固体拼接而成,内力传递机制产生了与连续构件不同的特征,连续构件在弯曲变形下是连续的。首先,采用理论方法建立节点界面接触模型(Joint Interfaces Contact Model,JICM),并考虑地下结构节点尺寸、节点形态、界面属性、紧固件设置和轴力等多参数效应。其次,采用试验-有限元-理论三种数据进行模型验证,达到充分验证与分析的目的。最后,对地下结构节点进行参数分析和受力机理分析，在清晰地归纳节点各关键部件的力学性能和功能贡献后，获得地下结构节点推荐参数和方案。

2.2 基于固体非连续性的节点界面接触模型

地下结构节点是由独立的、非连续的固体拼接而成，当地下结构节点处于弯曲状态时，固体非连续性特征将明显表现出来（图 2.2-1）。首先，榫界面（T1、T2 和 T3）可能完全或部分接触，从而产生缝隙。其次，C2 界面受到拉力的作用，趋于明显张开，最终可能完全脱开。最后，接触破坏区域会导致不完全接触。综上，地下结构节点弯曲将导致两个非连续固体在界面上产生接触行为，并产生固体非连续特征。

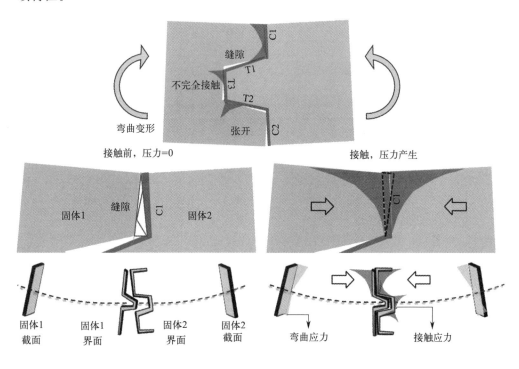

图 2.2-1 地下结构节点的固体非连续性及接触行为

界面接触行为如何产生压力是一个关键问题。以节点弯曲时的 C1 界面为例（图 2.2-1），由于固体非连续性，两个实体在接触前都会沿其中心轴独立转动，在节点处形成一个间隙。如果两侧榫界面不接触，则没有压应力产生。在弯曲过程中，两个界面必定会接触，使接触面积增加开始产生压应力。因此，对于非连续固体，压应力是由固体接触产生的，而不是由固体弯曲产生的，这将产生显著的区别。目前采用连续固体假定的模型仍未能反映界面接触传力的机制，因此未能对地下结构节点抗弯性能进行准确评估。地下结构节点的固体非连续特性不仅是本研究的核心，也是提出理论模型的基本属性。

针对地下结构节点的固体非连续问题，研究建立评估地下结构节点的抗弯性能的节点界面接触模型。首先，建立了一个有限长度修正的正对称三角接触公式来计算C1界面接触应力分布。同时，建立了形状转换公式和对称椭圆接触公式来修正C1界面接触应力分布。其次，建立了反对称三角接触公式来计算榫界面（T1、T2和T3）的接触应力分布。最后，在上述模型的基础上，通过三个节点模型建立JI-CM。分析方法路径如图2.2-2所示。JICM可用于解决地下结构节点的多参数问题，包括节点尺寸、节点形态、界面属性、轴力和紧固件设置。

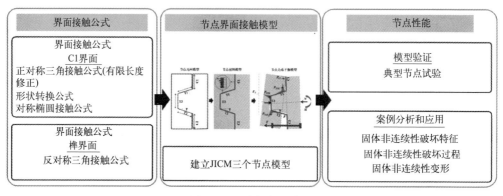

图2.2-2 分析方法路径

2.2.1 界面接触公式

首先建立了界面接触公式，并将其区分为C1界面和榫界面。该公式用于分析节点的内力传递机制。

本研究用符合界面接触行为的几何模型构建了界面接触公式。C1界面的接触行为的特点是：越靠近外缘，接触压缩量越大。为了突出这一特征，几何模型假设上部固体是弹性半空间固体，下部固体是刚性固体。上部和下部的固体处于接触状态，接触长度等于界面长度。下部固体的界面是三角的，以符合弯曲变形的要求。角度β对应于弯曲过程中地下结构节点的相对转角。值得注意的是，由于固体非连续性，地下结构节点可能与相邻的连续截面有不同的β。

C1界面两边有类似的固体形态，其界面形态也类似，处于完全接触状态。因此，采用对称三角以表征C1界面的接触特征及其变形模式。

$$u_z = u_z(0) - x\tan(\beta) \tag{2-1}$$

$$u_z' = -(\text{sign}(x))\tan(\beta) \tag{2-2}$$

式中：u_z——固体Z方向变形；

β——节点相对转角。

x 为正（负）时，sign（x）输出+1（-1）。固体接触模式决定了接触应力的分布。分布式接触应力积分在 s 点产生的接触应力等于 s 点固体接触产生的接触应力（式 2-3）。固体接触模量表征了界面属性，界面两边的固体同时受压的模量用于表征接触模量（式 2-4）。这可以在实际应用中用来考虑界面属性的影响。

$$\int_{-a}^{a} \frac{p(s)}{x-s} \mathrm{d}s = -\frac{\pi E_j}{2(1-\nu^2)^2} u'_z = \frac{\pi E_j}{2(1-\nu^2)^2} \mathrm{sign}(x)\tan(\beta) \quad (2\text{-}3)$$

$$E_j = \left(\frac{1-\nu_1^2}{E_1} + \frac{1-\nu_2^2}{E_2}\right)^{-1} \quad (2\text{-}4)$$

式中：　　　$p(s)$——s 点的分布接触应力；

a——界面长度；

E_j——接触模型；

E_1，E_2，ν_1 和 ν_2——固体压缩模量和泊松比。

对称三角接触公式模型如图 2.2-3 所示，界面上任何形状的法线接触应力分布见式（2-5）。将式（2-3）和式（2-4）代入式（2-5），得出对称三角固体接触应力。

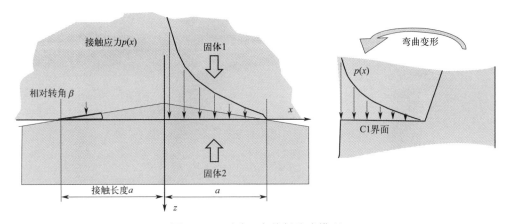

图 2.2-3　对称三角接触公式模型

$$p(x) = \frac{1}{\pi^2\sqrt{a^2-x^2}} \int_{-a}^{a} \frac{\int_{-a}^{a}\frac{p(s)}{x-s}\mathrm{d}s \sqrt{a^2-x^2}}{x-s} \mathrm{d}s + \frac{N}{\pi^2\sqrt{a^2-x^2}} \quad (2\text{-}5)$$

$$p(x) = \frac{E_j \tan(\beta)}{\pi} \ln\left(\frac{a}{x} + \sqrt{\left(\frac{a}{x}\right)^2 - 1}\right) \quad (2\text{-}6)$$

式中：$p(x)$——分布接触应力；

N——轴力。

采用有限长度修正模型使公式更适用于三维固体。在实际三维情况下，C1 界面长度是有限的，外缘是不受约束的，因此，C1 界面可以发生膨胀从而释放接触应力，外缘采用半空间的接触应力会偏大，因此通过分析应力状态进行了修正。两个固体外缘的接触被视为两个半径为 R 的圆柱体的接触，对于几乎是平面的界面，R 可以被视为无限大（图 2.2-4）。外缘在 X 方向上是未约束的，固体沿 Y 轴处于平面应变状态，所以外缘的接触长度 a_y 沿圆柱轴也是均匀的。对于平面应变，a_y 可由式(2-7)计算。假设外缘的自由区域处于平面应力状态，a_y 和自由外缘的受压接触应力 $p_e(x)$ 之间的关系可表达为式(2-8)。在有限长度的外缘接触应力减少可以用式(2-9)来评估。有限长度修正后的外缘接触应力为式(2-10)。

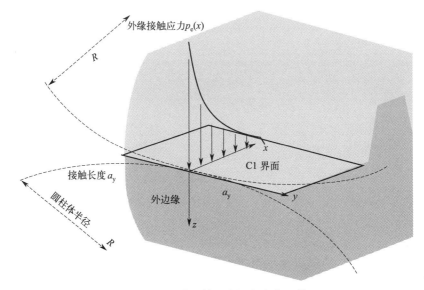

图 2.2-4　三维固体的有限长度修正模型

$$a_y = \frac{2p(x)R(1-v^2)}{E} \tag{2-7}$$

$$a_y = \frac{2p_e(x)R}{E} \tag{2-8}$$

$$p_e(x) = (1-v^2)p(x) \tag{2-9}$$

$$p(x) = \frac{E_j(1-v^2)\tan(\beta)}{\pi} \ln\left(\frac{a}{x} + \sqrt{\left(\frac{a}{x}\right)^2 - 1}\right) \tag{2-10}$$

式中：a_y——外缘接触面长度；

　　　v——泊松比；

　　　R——圆柱体半径；

　$p_e(x)$——外缘接触应力。

本节使用形状转换公式使界面应力分布更接近实际。由式(2-6)可知，轻微变形即可使固体外边缘（$x=0$）屈服。然而，C1 界面在外缘经历了应力重分布，并使陡峭的接触应力得到缓解。为了反映这一现象，需要调整界面形态，使外缘呈现出平缓的坡度。因此，选择椭圆作为合适的固体形状，假设弧长等于三角斜边，就可以得到椭圆的曲率半径（图 2.2-4）。形状转换公式对界面接触应力进行了更合理的调整以适用于实际工程。

采用弧长等于三角斜边建立公式。

$$\arcsin\left(\frac{a}{R_O}\right) = \frac{\dfrac{a}{R_O}}{\cos(\beta)} \tag{2-11}$$

式中：R_O——椭圆的曲率半径。

令 $x = \dfrac{a}{R_O}$，式(2-11)可简化为：

$$x = \sin\left[\frac{x}{\cos(\beta)}\right] \tag{2-12}$$

采用泰勒公式展开得：

$$\frac{\sin\left[\dfrac{x}{\cos(\beta)}\right]}{x} = \frac{1}{\cos(\beta)} - \frac{x^2}{6\cos^3(\beta)} + \frac{x^4}{120\cos^5(\beta)} \tag{2-13}$$

令式(2-13)=1，解 x：

$$x = \sqrt{2\cos^2(\beta)\left[5 - \sqrt{5}\sqrt{6 \times \cos(\beta) - 1}\right]} \tag{2-14}$$

使用式(2-15)求解 $\tan(\beta)$，得到了椭圆形榫界面和三角榫界面的角度等效性，取对应于几何关系的实根。

$$\tan(\beta) = \frac{a/2}{R_O - a\tan(\beta)} \tag{2-15}$$

从式(2-14)和式(2-15)中得到了三角-椭圆转换公式。

$$\begin{cases} R_O = \dfrac{a}{\{2\cos^2(\beta)[5 - \sqrt{5}\sqrt{6 \times \cos(\beta) - 1}]\}^{0.5}} \\ \tan(\beta) = \dfrac{R_O/a - \sqrt{(R_O/a)^2 - 2}}{2} \end{cases} \tag{2-16}$$

将形状转换公式代入式(2-6)，可以得到对称椭圆体的相应接触应力。

$$p(x) = E_j \frac{R_O/a - \sqrt{(R_O/a)^2 - 2}}{2\pi} \ln\left(\frac{a}{x} + \sqrt{\left(\frac{a}{x}\right)^2 - 1}\right) \tag{2-17}$$

采用有限长度修正后的接触应力为：

$$p(x) = E_j(1 - v^2) \frac{R_O/a - \sqrt{(R_O/a)^2 - 2}}{2\pi} \ln\left(\frac{a}{x} + \sqrt{\left(\frac{a}{x}\right)^2 - 1}\right) \tag{2-18}$$

对榫界面构建了反对称三角接触公式。榫界面两侧有不同的固体形态，不同的界面形态和不完全接触。当榫界面的外缘角与下层界面接触时，接触应力急剧增加。构建几何模型展示一个反对称三角固体挤入另一个固体（图 2.2-5）。

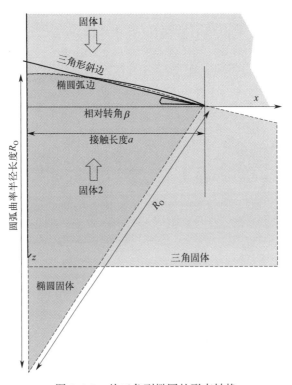

图 2.2-5 从三角到椭圆的形态转换

反对称三角接触公式模型如图 2.2-6 所示,反对称三角固体的位移可以通过以下方式确定。

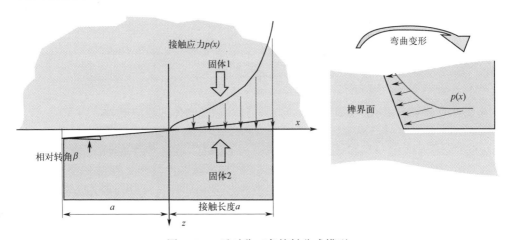

图 2.2-6 反对称三角接触公式模型

$$u'_z = -\tan(\beta) \tag{2-19}$$

$$\int_{-a}^{a} \frac{p(s)}{x-s} \mathrm{d}s = -\frac{\pi E}{2(1-v^2)^2} u'_z = \frac{\pi E}{2(1-v^2)^2} \tan(\beta) \tag{2-20}$$

$$p(x) = \frac{E_j \tan(\beta)}{2\pi\sqrt{a^2-x^2}} \left(\int_{-a}^{a} \frac{\sqrt{a^2-x^2}}{x-s} \mathrm{d}s \right) + \frac{C}{\pi^2\sqrt{a^2-x^2}} \tag{2-21}$$

考虑到边界条件 $x=0$ 和 $p(x)=0$，得到了反对称三角固体的接触应力。

$$p(x) = \frac{E_j \tan(\beta) x}{2\sqrt{a^2-x^2}} \tag{2-22}$$

上述工作将界面接触公式应用于不同的接触状态。界面接触公式具有适应性，适用于以下节点模型。综上所述，C1 界面使用有限长度修正的对称椭圆接触公式，见式(2-23)，而榫界面使用反对称三角接触公式，见式(2-25)。

$$p_{C1}(x) = \frac{E_j(1-v^2)}{2\pi} \ln\left(\frac{a}{x} + \sqrt{\left(\frac{a}{x}\right)^2 - 1}\right) \bar{R} \tag{2-23}$$

$$\bar{R} = \frac{1}{[2\cos^2(\beta)(5-\sqrt{5}\sqrt{6\times\cos(\beta)-1})]^{0.5}} - \sqrt{\frac{1}{2\cos^2(\beta)(5-\sqrt{5}\sqrt{6\times\cos(\beta)-1})} - 2}$$
$$\tag{2-24}$$

$$p_{Ti}(x) = E_j \frac{\left(\frac{a}{x}-1\right)}{2\sqrt{\left(\frac{2a}{x}-1\right)}} \tan(\beta) \tag{2-25}$$

注：式(2-25) 的坐标采用 $x=a-x$ 进行转换。p_{C1} 为 C1 界面接触应力。p_{Ti} 为 T_i 界面接触应力。

2.2.2 构建节点模型

在上述工作的基础上，采用三个节点模型建立 JICM，其建立过程如下。

首先，构建节点几何模型。输入所有界面的尺寸和榫角度，以表征节点尺寸和形态。因此，节点几何模型可用于节点尺寸和形态的参数化设计。

其次，构建节点材料模型。为获得地下结构节点的弹塑性临界点，给出了界面的弹塑性属性。混凝土材料本构模型遵循规范模型，而钢和结构胶的材料本构模型遵循双线性模型。界面属性由两侧材料定义（式 2-4）。此外，所有的界面都被细致地划分为多个单元，在每个单元中心定义监测点。在监测点处计算接触应力（式 2-23～式 2-25），以表征单元状态。单元的材料属性根据材料构成关系进行了调整。C1 界面设置了一个单元组（从外缘到纵向钢筋直径的两倍范围内）来模拟外缘区域的接触破坏。考虑到该单元组接触破坏后钢筋的冗余效应，采用钢筋的弹塑性强度代替××强度。因此，节点材料模型可以用来反映材料和界面属性。

再次，构建节点内力平衡模型。对接触组合力 F_C、轴力 N 和拉力 T 进行力平衡分析，建立力平衡方程（图2.2-7）。在T或N单工况下，可以直接得到结果。在同时存在T和N的工况下，模型考虑其变形模式。JICM考虑了N对紧固件变形和C2界面张开的调节作用。下界面张开是地下结构节点出现性能下降的关键现象，它与紧固件的设置密切相关。因此，JICM考虑了紧固件对下界面张开机制的影响。首先，JICM考虑了N对紧固件和界面张开的调节作用。节点力系统的三个核心因素有如下关系：当$F_C < N$时，紧固件不发挥作用（$T=0$）；当$F_C \geqslant N$时，T承担F_C的超出部分（$F_C - N$），紧固件开始发挥作用。此外，C2界面在紧固件发生应力屈服后张开，紧固件的拉应力通过T得到。同时，JICM考虑了三种类型的紧固件约束刚度对下界面张开机制的影响：情况（1）弱约束，情况（2）有限约束，以及情况（3）强约束。情况（1）中下界面可以在没有紧固件屈服情况下张开；情况（2）和（3）中的下界面在紧固件屈服之前不会张开。情况（1）适用于弱约束的或没有紧固件，在弱约束刚度下，T的发展机制受下层界面张开趋势的影响很大，T与紧固件刚度有关，几乎与螺栓屈服无关。T的机制通过式(2-26)表示。情况（2）适用于螺栓和杆件紧固件，而情况（3）适用于焊接紧固件。在一定的刚度约束下，下界面保持关闭。一旦$F_C \geqslant N$，T的受力见式(2-19)，在紧固件屈服后，下界面可以张开，见式(2-26)。将式(2-26)、式(2-27)代入式(2-10)~式(2-16)中，以反映节点弯曲时的紧固件机制。

$$T = E_F A_F \tan(\beta) \qquad (2-26)$$

$$T = F_C - N \qquad (2-27)$$

式中：E_F——紧固件变形模量；
$\quad\quad A_F$——紧固件面积。

$$F_C = \sum_{i=1}^{n_{C1}} P_{C1i} A_{C1i} + \sum_{i=1}^{n_{T3}} P_{T3i} A_{T3i} + \sin\gamma \sum_{i=1}^{n_{T1}} P_{T1i} A_{T1i} + \sin\gamma \sum_{i=1}^{n_{T2}} P_{T2i} A_{T2i} = T + N \qquad (2-28)$$

$$T = 0 \left(\sum_{i=1}^{n_{C1}} P_{C1i} A_{C1i} + \sum_{i=1}^{n_{T3}} P_{T3i} A_{T3i} + \sin\gamma \sum_{i=1}^{n_{T1}} P_{T1i} A_{T1i} + \sin\gamma \sum_{i=1}^{n_{T2}} P_{T2i} A_{T2i} \leqslant N_{\max} \right) \qquad (2-29)$$

式中：F_C——受压接触合力；
$\quad\quad N$——受压接触轴力；
$\quad\quad T$——受压接触拉力；
$\quad\quad \gamma$——榫角度；
$\quad\quad A_{C1}$——C1的单元面积；
$\quad\quad A_{T1i}$——T_1的单元面积；
$\quad\quad n_{C1}$——C1的单元数量；
$\quad\quad n_{Ti}$——T_i的单元数量。

最后，一旦下界面张开，每个界面的接触面积都会开始减少。此外，张开的C2

界面导致 T3 界面脱开。以上描述用式（2-30）～式（2-33）表示。将式（2-30）～式（2-33）代入式（2-1）～式（2-25），以反映节点弯曲时界面应力演变的整个过程。

$$a_{C1}(\beta) = a_{C1} - a_{C1}\tan(\beta) \tag{2-30}$$

$$a_{T1}(\beta) = a_{T1} - \frac{a_{T1}\tan(\beta)}{\cos\gamma} \tag{2-31}$$

$$a_{T2}(\beta) = a_{T2} - \frac{(2a_{T1}\sin\gamma + a_{T3})\tan(\beta)}{\cos\gamma} \tag{2-32}$$

$$a_{T3}(\beta) = \begin{cases} a_{T3}\cos\beta K \text{(The fastener stress is less than the yield stress)} \\ 0K \text{(Fastener stress yields)} \end{cases} \tag{2-33}$$

式中：a_{C1}——C1 的界面长度；
a_{T1}——T_1 的界面长度。

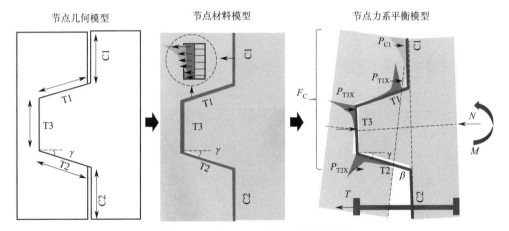

图 2.2-7　建立 JICM 的三个节点模型

力矩的贡献被分为 C1 界面、榫和紧固件 T 单元组。每个界面都对榫的中心产生了力矩，在此计算前提下，N 的力矩为 0。力矩-相对转角关系（M-β）通过增加 β 形成，直到曲线呈现所有的破坏过程。上述规则由式（2-34）～式（2-37）描述。最后，节点内力平衡模型可用于评估地下结构节点的力学性能，并考虑了轴力的影响。

$$\sum_{i=1}^{n_{C1}} P_{C1i} A_{C1i} L_{C1oi} = M_{CC} \tag{2-34}$$

$$\sum_{i=1}^{n_{T1}} P_{T1i} A_{T1i} (H_{T1i}\sin\gamma - L_{T1i}\cos\gamma) + \sum_{i=1}^{n_{T2}} P_{T2i} A_{T2i} (L_{T2i}\cos\gamma - H_{T2i}\sin\gamma)$$

$$+ \sum_{i=1}^{n_{T3}} P_{T3i} A_{T3i} H_{T3i} = M_{CT} \tag{2-35}$$

$$TL_{C2i} = M_T \tag{2-36}$$

$$M_{CC} + M_{CT} + M_T = M \tag{2-37}$$

式中：H_{T1i}，H_{T3i}，H_{C2i}，L_{T1i} 和 L_{T2i} ——单位中心到节点中心的力臂长度；

M_{CC}，M_{CT} 和 M_T ——C1 界面、榫、紧固件 T 单元组的合力矩贡献。

2.3 节点界面接触理论模型实现平台

本研究提出 JICM 实现平台。考虑到 MATLAB 可支持开发不同算法和管理数据，JICM 的基本算法是在 MATLAB 中开发的。采用 MATLAB 中可设计的 GUI 工具与 JICM 的输入参数相结合，构建了一个开放的用户界面。首先，在 MATLAB/GUI 中输入参数，如节点尺寸、形态、材料、紧固件和轴力参数。其次，JICM 的三个节点模型在后台自动运行计算。最后，M-β 曲线展示在绘图区，也可输出其他与设计有关的结果。通过上述操作，可应用 JICM 对地下结构节点进行快速有效的多参数性能评估和多方案比较，得到最佳的节点方案。

2.4 节点界面接触模型预测结果与试验结果对比

采用本研究的焊接节点试验数据对 JICM 进行模型验证。首先，根据焊接节点设定 JICM 模型输入参数；其次，根据焊接节点特征设置 JICM 紧固件约束机制。焊接节点具有强约束刚度，采用强紧固件工况和相应公式进行评估。试验中角钢焊接未屈服，下界面不张开，焊接节点各界面不缩短。最后，通过表 2.4-1 可知，JICM 输出结果与试验 M-β 曲线吻合良好，可准确反映地下结构节点的刚度与承载力。

焊接节点主要参数　　　　　　　　　表 2.4-1

节点形态参数					
节点类型	高度(mm)	纵长(mm)	C1 长(mm)	榫长(mm)	榫宽(mm)	榫角度(°)
焊接节点	750	1000	258	97	146/234	24.4
材料参数					
材料	E_0(GPa)	E_t(GPa)	f_y(MPa)	f_m/f_{tm}(MPa)
混凝土	34.5	—	—	32.4
钢	206	18.6	360	600
轴力(kN)					
1000					

采用 JICM 对三个紧固件约束情况进行对比。这三种情况分别为紧固件弱约束（如预应力钢棒节点）、有限约束（如螺栓节点）和焊接节点。JICM 对三种方案 M-β 曲线进行预测与评估。JICM 可通过 F_C-β 曲线获得 F_{Cmax}（4028kN），即节点受压区的最大合压力。在理想情况下，地下结构节点受压区与受拉区合力同时达到极值时，地下结构节点将充分发挥其最高力学性能，因此可针对 F_{Cmax} 设计紧固件的刚度及承载力，达到与 F_{Cmax} 相当的拉力和约束刚度。

三种地下结构节点方案对应典型的下界面紧固件约束类型。焊接节点、预应力钢棒的拉力足以与 F_C 匹配，而螺栓则易于提前屈服。另外，除了焊接节点外，其余两种节点的紧固件约束刚度有限，易使得下界面在变形过程中张开。因此，这三种方案对应的紧固件机制如下：(1) 预应力钢棒节点，下界面有限刚度约束，强度有限；(2) 螺栓节点，下界面有限刚度约束，强度充分；(3) 焊接节点，下界面强刚度约束，强度充分。将以上节点的下界面紧固件条件代入 JICM，可获得紧固件弯矩贡献 M_T。对比可知，所有类型紧固件最终都可以达到较高的弯矩贡献值，焊接节点的 M_T 分别比螺栓节点和预应力钢棒节点高 6.02% 和 23.69%。最显著的差别在于紧固件刚度，焊接节点的刚度分别为螺栓节点和预应力钢棒节点的 5.8 倍和 13.1 倍。焊接节点的 M_T 能与"$M_{CC}+M_{CT}$"同步，两者几乎在同一变形达到最大弯矩贡献值，因此叠加后能获得地下结构节点最高力学性能。而其余两种节点的 M_T 均滞后于"$M_{CC}+M_{CT}$"，不仅刚度贡献较弱，且难获得地下结构节点最高力学性能。

JICM 对三种节点方案 M-β 曲线进行评估。焊接节点的承载力分别比预应力钢棒节点和螺栓节点高 40.22% 和 16.84%，刚度分别为预应力钢棒节点和螺栓节点的 2.2 倍和 2 倍。由此可知，下界面紧固件约束刚度和强度对地下结构节点下界面张开机制和力学性能至关重要。另外，焊接节点不易张开保证了地下空间干燥和封闭性。

采用以上方法，以本研究焊接节点、螺栓节点和预应力钢棒节点试验数据对 JICM 输出结果进行验证。图 2.4-1 对本研究三种节点的承载力曲线进行评估表明，焊接节点的屈服承载力分别是螺栓节点和预应力钢棒节点的 1.73 倍和 5.4 倍，刚度分别为其 1.12 倍和 1.08 倍。由于焊接节点的性能优于连续截面，因此可作为装配构件的刚接节点；螺栓节点的刚度仅为连续截面的 0.89，仅能作为半刚接节点；预应力钢棒节点的刚度与连续截面相近，但承载力不满足装配构件的需求。JICM 的输出结果与试验 M-β 曲线吻合良好，可准确反映三种地下结构节点的刚度与承载力。

本研究采用典型地下结构节点试验进行 JICM 模型验证。这些节点试验不仅是现代地下结构的代表，也是多参数问题的代表。

本案例应用 JICM 解决界面属性问题。预制管片-墙节点是一种异形地下节点。这组试验的特点是采用了混凝土-混凝土（C-C）和混凝土-钢（C-S）界面的两个节

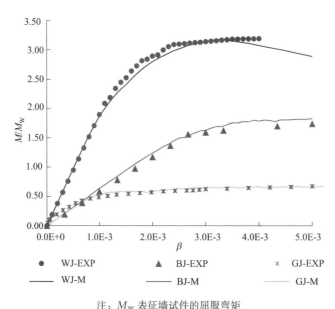

注：M_W 表征墙试件的屈服弯矩

图 2.4-1　JICM 与试验曲线验证

点。因此，这组节点试验表现出典型的不同界面属性。节点材料模型采用接触模量来考虑不同材料的界面属性。接触模量越高，接触应力就越大。从试验数据分析来看，接触模量较高的 C-S 节点的初始刚度和承载力比 C-C 节点的要大。然而，C-S 界面混凝土的强度要比 C-C 的强度提早 10% 变形达到极限承载力。JICM 很好地反映了 C-S 节点的刚度和承载力高于 C-C 节点，但延性却弱于 C-C 节点（图 2.4-2a、b）。因此，JICM 可以通过详细的界面建模来反映复杂的界面属性及其对节点性能的影响。

本案例应用 JICM 解决节点尺寸和轴力问题。预制管片通常用于隧道中，其地下结构节点表现为带有螺栓的小榫方案，所以 C1 和 T 组提供了抗弯能力。本研究使用了两组不同尺寸的试验（280mm 和 500mm）对 JICM 进行模型验证，都加入了不同的轴力（N）。首先，JICM 为两个试验建立了节点几何模型。此外，通过试验可观察到，轴力 N 越大，施加的螺栓拉力（T）越晚发挥，螺栓应力值越小。因此，N 和 T 与接触合压力（F_C）共同平衡，N 延缓了 T 的增长趋势。当弯矩较小时，F_C 较小，N 足以平衡 F_C，因此螺栓没有受力。直到弯矩增加，F_C 超过 N，螺栓应力才开始显著增长。最后，采用 JICM 对紧固件机制进行表征。JICM 很好地反映了不同节点尺寸在不同轴力下的刚度、承载能力和变形（图 2.4-3a、b）。因此，JICM 可以反映节点尺寸和轴力对节点性能的影响。

本案例应用 JICM 解决节点形态问题。榫槽结构节点在大型轨道交通枢纽被广泛使用。图 2.4-4(a)（b）比较了长榫节点和短榫节点的试验结果。虽然节点尺寸

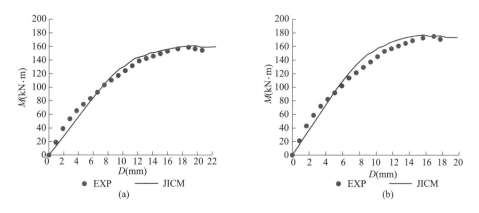

注：D 为加载器竖向变形

图 2.4-2 JICM 与预制管片-墙体地下结构节点的试验曲线对比
(a) C-C 节点；(b) C-S 节点

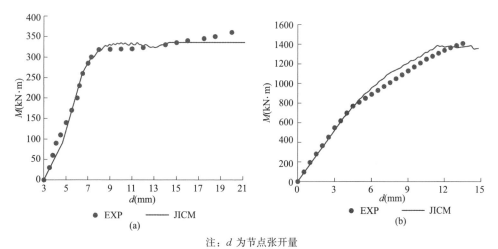

注：d 为节点张开量

图 2.4-3 JICM 与预制管片地下结构节点的试验曲线对比
(a) 280mm-1000kN；(b) 500mm-8000kN

相同，但长榫节点的承载力比短榫节点高约 12.5%。这个试验揭示了地下结构节点和连续截面之间的典型差异：不同界面形态产生不同的接触行为，从而导致相同尺寸的地下结构节点的力学性能不同。JICM 的节点几何模型包括所有的形态参数，因此可以计算出所有界面的力学贡献。JICM 对不同节点形态的试验 M-β 曲线进行了良好拟合，因此，JICM 可反映节点形态对节点性能的影响。

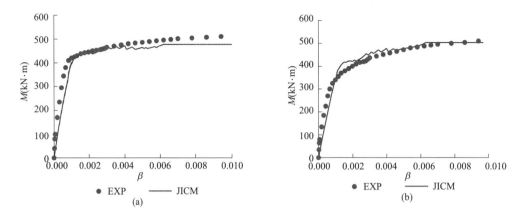

注：β 为节点相对转角

图 2.4-4　JICM 与大型轨道交通枢纽异形节点的试验曲线对比
（a）长榫节点；（b）短榫节点

2.5　本章小结

在本研究中，建立 JICM 来研究地下结构节点的多参数问题。另外，采用本研究试验和典型试验对 JICM 进行了模型验证。最后，对地下结构节点进行参数分析。主要结论如下：

（1）JICM 使用现代地下结构的多个典型节点试验进行了验证。JICM 能够反映地下结构节点的多参数效应，包括节点尺寸、节点形态、界面属性、轴力和紧固件设置。JICM 评估结果表明，紧固件设置对最大限度地提高地下结构节点的力学性能具有重要意义。

（2）JICM 揭示了固体非连续损伤的特点，这是造成地下结构节点发生脆性破坏的主要原因。JICM 定量地预测了地下结构节点在屈服和极限弯矩下的变形和承载力。JICM 可以预测装配构件的弯曲变形特征。

（3）三种节点方案参数分析表明，紧固件约束越弱的节点，界面布置对力学性能影响越显著。因此界面布置的效应排序为：GJ＞BJ＞WJ。C1 宽度的提升显著地提高地下结构节点的承载力和刚度，尤其是小榫节点的节点性能得到最大化提升。紧固件约束越强的节点，紧固件设置对力学性能影响越显著。另外，紧固件的刚度和强度互为正相关。最后，紧固件刚度对 M 影响非常显著。小榫节点只有 WJ 在紧固件刚度充分条件下才能形成刚接节点，其余工况均未形成。BJ 节点考虑榫长效应的情况下也可形成强度充分的刚接节点。任何情况下，紧固件刚度是形成刚接节点的核心条件，紧固件强度则是必要条件。

第 3 章

大型轨道交通枢纽异形构件承载力和恢复特性足尺试验

3.1 引言

国内外对地下结构的研究和实际应用取得一定成果，形成了力学性能、灾害特征、应用场景等研究成果。目前，研究人员则主要对地下结构抗震性能和节点特性进行研究。但是，现代地下结构逐渐出现新型构件和结构形式，关于其异形构件的基本特性研究仍未深入开展，其中节点与构件的试验研究不充分。足尺纯弯试验是研究节点和构件力学性能的重要手段，但目前相应试验研究较少，未能明确反映节点多个参数的力学效应。目前对不同空腔效应的异形构件足尺纯弯曲研究也较少，未能明确反映异形构件在不同空腔效应下的力学性能。另外本试验发现异形空腔构件（PHC）受扰动后具有性能恢复能力，目前仍未有相关研究。地下结构的大型异形构件一般设置空腔进行减重，空腔效应对构件性能的影响目前仍未有深入的研究。另外，异形构件的形态优化有利于提高其力学性能，目前同样未有研究人员对构件形态效应进行深入研究。这些关键参数均需结合节点和构件截面力学性能进行联合考虑，但由于目前节点的理论模型未达到参数化分析水平，异形构件的力学性能研究受到限制，因此异形构件的关键参数的力学性能效应仍未得到深入研究。

3.2 异形空腔构件足尺纯弯试验

3.2.1 单根 PHC 试验结果分析

图 3.2-1 展示了 PHC 试件在纯弯试验下的破坏模态。试验选取了三组 PHC 构

件，空腔尺寸率 SR 分别为 0.34、0.47、0.68（方案 A-1、A-2、A-3）。PHC 试验发展模态分为三个阶段，分别为弹性-弹塑性-破坏阶段。PHC 弹性阶段未出现裂缝。裂缝首先在跨中纯弯段和加载位置梁底出现，表示 PHC 进入弹塑性阶段。随着变形增大，跨中裂缝愈发密集并逐渐向上延伸，分布范围向支座处扩大。达到正常使用极限状态（裂缝宽度为 0.3mm）时，构件跨中裂缝高度接近翼缘区，超过 530mm。在破坏阶段，跨中挠度急剧增加，受压区出现层状压碎现象，受拉区裂缝扩展至超过 1.5mm。总体上，PHC 的破坏模态与连续截面类似。

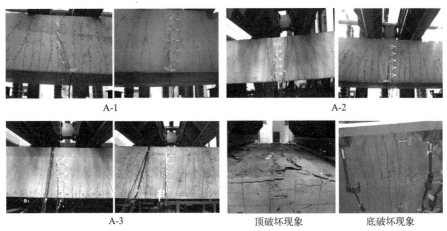

图 3.2-1　PHC 试验破坏模态

研究 PHC 表面应变分布和发展。混凝土上表面压应变随荷载呈现增长趋势。压应变曲线约在 $100\mu\varepsilon$ 和 $600\mu\varepsilon$ 处产生斜率突变，分别对应弹塑性和破坏阶段。最后一级加载中局部混凝土应变达到极限压应变，均为层状压碎相关区域，其余大多区域均未达到极限压应变。混凝土下表面拉应变发展与裂缝开展紧密相关，可以明显观察到下表面应变曲线在约 $100\mu\varepsilon$ 处产生斜率突变。对位于裂缝上的应变片，开裂后因拉断发生破坏造成应变值突增。同时，裂缝附近的应变片测得混凝土开裂回缩，产生应变下降甚至降到负值。混凝土侧表面应变与构件变形特性相关，弹性阶段应变沿截面高度分布，符合平截面假定。混凝土开裂后，除侧面受拉区域发展加速外，侧面受压区域也逐渐发展成受拉状态。侧面应变在进入塑性阶段后不再符合平截面假定。

研究 PHC 内部应变分布和发展。在弹性阶段，上翼缘、侧翼缘应变为压应变，下翼缘应变为拉应变。受到空腔分布的影响，截面应变分布呈现多峰状，且具有对称特征，应变均在空腔翼缘处达到峰值，空腔环向应变也可观察到相同规律。应变随弯矩递增具有一定规律。首先，弹性阶段的应变随弯矩增大呈线性增长。在混凝土开裂后，下翼缘、侧翼缘以及空腔环向应变加速增长，上翼缘和侧翼缘的应变逐渐由受压转换成受拉，且受拉区高度持续增大。钢筋发生屈服后，它和翼缘的应变均发生突增。最后一级加载时，混凝土和钢筋最大拉应变分别达到 $2000\mu\varepsilon$ 和 $6000\mu\varepsilon$ 以上，此时混凝土开裂严重，裂缝拓展至翼缘区域且裂缝高度已十分显著，PHC 达到极限承载力的状态。但是，大空腔构件裂缝高度已发展到普遍高于其余构件，不利于保证结构安全。综上，空腔设置引起 PHC 翼缘的应变陡增；大空腔降低了 PHC 刚度，易引起裂缝加速发展。

研究 PHC 承载力曲线。试验结果按 1000mm 宽度取值保持一致性。根据试验结果，空腔构件以裂缝宽度超过 1.5mm 或钢筋应变超过 0.01 为达到抗弯极限承载力的标志。试件达到抗弯极限承载力后，除裂缝和挠度显著外，仍有富余能力承担持续加载，表明 PHC 的承载力和延性充足。

综上，各组空腔构件的试验效应均展现了 PHC 应变先线性发展、后增长加速的历程，在达到承载力极限后构件仍表现出较好的延性。适当空腔尺寸的构件承载力和正常使用性能均满足设计要求。尽管各构件的裂缝高度已非常显著，但在设计弯矩下不足以形成贯通裂缝。值得注意的是，空腔设置会引起 PHC 翼缘的应变陡增。空腔尺寸率在一定范围内对构件性能影响有限，但大空腔尺寸率可导致性能冗余度不足。

3.2.2 节点约束 PHC 试验结果分析

图 3.2-2 展示节点约束 PHC 的破坏模式。构件在弹性阶段未出现裂缝。随着变形发展，加载点底面首先出现微裂缝。随后，该范围裂缝数量增多，并逐渐向翼缘和支座延伸。构件达到极限承载力时，加载点底部混凝土开始出现断裂和剥落。最终，底部钢筋被拉断，构件发生破坏，试验停止。试验过程中，角钢焊缝未产生明显破坏。节点最大张开量仅 1.4mm，其下表面范围和钢筋表面混凝土的裂缝宽度发展至 1.5～2mm。但是，角钢和混凝土界面已显著脱开，张开量约为 3mm。PHC 截面显著破坏后，节点仍可继续承担加载。节点约束 PHC 实心与空腔截面试件的试验均呈现以上特征，破坏规律一致，均表现为截面先于节点破坏。

研究节点约束 PHC 的裂缝发展和弯矩的关系。构件在弹性阶段未观察到裂缝。微裂缝首先出现在 PHC 截面加载点的底部，裂缝宽度呈线性发展，总宽度小于 0.5mm。当 PHC 截面达到塑性阶段时，裂缝宽度迅速增加。同时，在钢-混凝土界面出现轻微脱开。最终，在 PHC 截面的破坏阶段，其裂缝已贯通成裂块，局部开始剥落，裂缝发展至翼缘高度。而钢-混凝土界面宽度仅发展至 3mm。研究发现，构件上表面的应变随着 M 的增加而增加。弹性阶段呈现线性增长，加载点及附近的应变增加最快。当 PHC 截面进入塑性状态，混凝土上表面应变增长加速，但角钢应变仍为线性增长。最后，加载区域达到极限压应变（$1920\mu\varepsilon$），大部分区域未达到，未观察到上表面发生明显的混凝土压碎破坏。研究发现下表面和钢筋的应变随着 M 的增加而增加。弹性阶段呈现线性增长，加载点下表面拉应变在 M 超过 470kN·m 后加速增长。随后裂缝范围向两侧扩散，当 M 超过 900kN·m 时加载点到节点区域已产生显著的裂缝，表明该区域钢筋

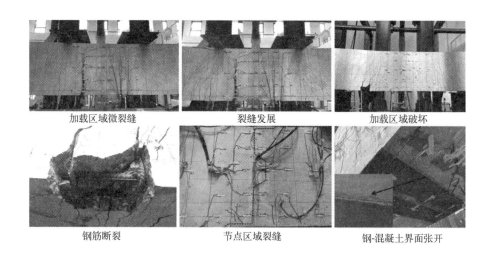

图 3.2-2 节点约束 PHC 的破坏模式

已进入屈服阶段。在 PHC 截面的破坏阶段，下表面拉应变总体超过极限拉应变（$332\mu\varepsilon$），钢-混凝土界面区域已产生显著的裂缝，与角钢节点的钢筋已进入屈服状态。相比之下，角钢应变仍接近线性增长，应力约为 86.5MPa，尚未达到屈服点。综上，PHC 的翼缘空腔截面比节点提前破坏，破坏程度高于节点；在 PHC 截面破坏后，节点仍有冗余的力学性能。

综上，由于节点约束 PHC 的焊接节点具有良好性能，保证了 PHC 完全发挥其高强性能。节点的破坏程度始终低于 PHC 截面，最终确保了节点约束 PHC 的截面高强性能发挥到极限。值得注意的是，节点约束 PHC 薄弱部位发生在翼缘空腔截面上，这意味着空腔效应将对节点约束 PHC 的性能产生关键影响。

3.3 预制空腔构件足尺性能恢复试验

本研究对 PHC 进行了性能恢复试验（图 3.3-1）。加载过程是将试件加载到设定的条件，开始逐渐卸载，并停滞 12h，以记录这一过程中的性能演变。该加载过程模拟了整个 PHC 扰动-扰动衰退-卸载-恢复的过程。由于观察到上表面应变稳定发展，并持续到试验结束，因此选择其作为 PHC 的关键性能指标进行监测。

实验加载方案与 PHC 的整个扰动过程有关。加载方案采用纯弯曲加载模式和边界。加载程序包括将试件加载到设定条件（应变），逐渐卸载，并静置 12h，以记录该过程中的性能变化。该加载过程模拟了整个 PHC 扰动-扰动衰退-卸载-恢复的过程。为了获得 PHC 的应变发展和损伤模式，针对不同阶段设置相应的加载速率，即弹性阶段（0.05mm/min）和塑性阶段（0.5mm/min）。每个加载步骤在完

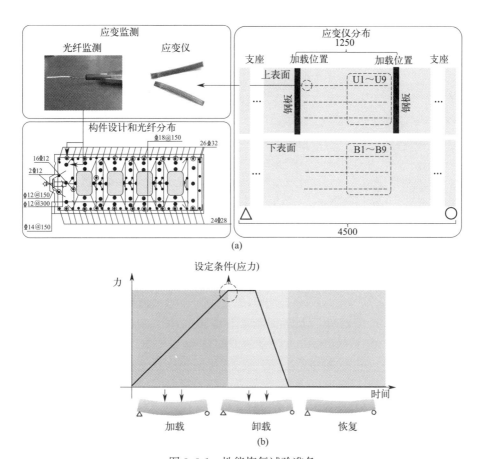

图 3.3-1 性能恢复试验准备
(a) 构件设计和应变监测布置；(b) 加载力时程函数

成后暂停 30min，在此期间观察并标记损伤现象。由于观察到上表面应变稳定发展并持续到试验结束，因此应变被选为 PHC 的关键性能指标。采用应变片和光纤监测对性能恢复试验的应变进行监测。预埋光纤以监测混凝土和钢筋的内部应变。光纤监测参数如下：应变分辨率＝$2\mu\varepsilon$，应变精度＝$20\mu\varepsilon$。应变计均匀地布置在上下两侧的表面上，以监测表面混凝土的应变。监测范围涵盖了加载区域之间的纯弯曲截面。应变监测的参数如下：应变分辨率＝$0.1\mu\varepsilon$，采样频率＝10Hz，应变监测误差≤0.01%×监测值±$0.2\mu\varepsilon$。

图 3.3-2 展示了 PHC 的性能恢复试验现象。在弹性加载阶段未出现裂缝，卸载未出现残余破坏现象。当顶部应变发展至约 $600\mu\varepsilon$ 时，加载点底面首先出现微裂缝。当应变发展至约 $900\mu\varepsilon$ 时，纯弯曲段裂缝增多，逐渐向顶部和支座延伸。该阶段卸载后裂缝宽度约回缩 20%，残余损伤现象逐渐明显。当应变发展至约 $1200\mu\varepsilon$ 时，加载点出现明显的压碎区域。底部裂缝宽度已发展至约 3mm，且高度已达到 PHC 顶部。这些损伤现象恢复时间明显增长。在应变发展至大于 $1600\mu\varepsilon$ 时，底部

裂缝宽度已达 8mm。这些破坏现象已导致其性能难以恢复，因此试验停止。

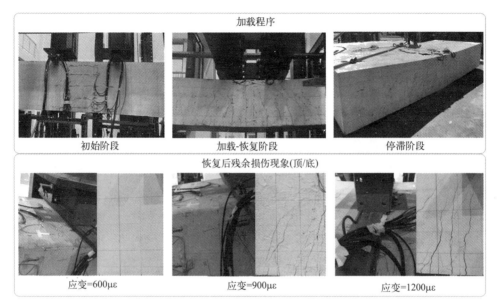

图 3.3-2 PHC 性能恢复试验现象

3.4 构件扰动后的性能恢复性

地下车站异形构件在扰动后具有性能恢复性，PHC 在试验中同样表现出扰动后性能恢复特征，因此对 PHC 的性能恢复性进行研究。地下空间修复难度较大，可利用 PHC 的性能恢复能力为应急修复争取时间并降低修复难度。为了研究以上内容，本章采用试验分析与理论分析方法对 PHC 性能恢复特征进行研究，并建立 PHC 的性能恢复性函数，为韧性框架的建立奠定基础。

从性能恢复试验可知，PHC 的 SRR 与应变恢复时间（TR）均与达到的最大应变（ε_U）相关。试验表现为 SRR 随 ε_U 的增大而减小，而 TR 随 ε_U 的增大而增大。这两者表现了 PHC 的塑性特征：当应变发展越大时，残余应变越大，恢复时间更长。将性能恢复试验的 SRR 和 TR 与 ε_U 进行参数回归分析，两者均非常接近于二次多项式关系。因此采用参数回归方程表征 SRR 和 TR 与 ε_U 的关系（式 3-1 和式 3-2）。

$$SRR = 0.5078\varepsilon_U^2 - 1.5368\varepsilon_U + 1.6 \tag{3-1}$$

$$TR = 19.3762\varepsilon_U^2 - 13.1478\varepsilon_U + 40 \tag{3-2}$$

应变恢复函数反映 SRR 与 TR 的信息，最终体现为应变恢复曲线。采用高斯函数模型建立应变恢复函数。将 SRR 和 TR 与 ε_U 的参数回归结果输入应变恢复函数,获得不同 ε_U 下的应变恢复过程（t_0 为恢复起始时间,t_0+TR 为恢复结束时间）。最后,当 PHC 的应变恢复至残余应变 ε_R 时,应变将停止演化。以上关系可描述为式(3-3)~式(3-6)。

$$T_r = 0.000654TR^2 - 0.05581TR + 3.19 \tag{3-3}$$

$$\varepsilon_R = (1-SRR) \times \varepsilon_U \tag{3-4}$$

$$F(t) = SRR \times \varepsilon_U e^{-\frac{(t-t_0)^2}{2T_r^2}} \tag{3-5}$$

$$\varepsilon(t) = \begin{cases} F(t) - (\varepsilon_U + F(t_0))K & t_0 \leq t \leq t_0 + TR \\ \varepsilon_R \cdots\cdots & t \geq t_0 + TR \end{cases} \tag{3-6}$$

3.5 本章小结

本研究对节点和墙试件进行了足尺纯弯试验,并对试验响应进行了比较分析。主要结论如下。

(1) PHC 的试验效应均展现了先线性发展后增长加速的历程。在达到承载力极限后构件仍表现出较好的延性。空腔尺寸率较适合的 PHC 裂缝宽度、变形,均满足设计要求。空腔设置引起 PHC 翼缘的应变陡增,因此大空腔尺寸率可引起性能冗余量不足。

(2) 性能恢复试验表明,尽管有明显的损伤,PHC 仍能发挥显著的性能恢复效果。从本质上讲,PHC 的性能恢复是一种空腔和实心区域的塑性应变重分布。极限承载试验表明,PHC 在极限状态下仍表现出性能冗余和延性。PHC 的恢复能力与内部区域的面积直接相关。中心区域的恢复能力远高于边缘区域,这是 PHC 恢复能力的核心。

(3) 考虑 PHC 在一定损伤范围具有性能恢复能力,为应急修复争取时间并降低修复难度。PHC 性能恢复性函数表征 PHC 在不同应变下的恢复性,反映了 PHC 当应变发展越大时,残余应变越大,恢复时间越长的特征。PHC 性能恢复性函数输出的理论恢复曲线与不同加载应变下的应变恢复曲线吻合良好。

第 4 章
大型轨道交通枢纽异形异构结构体系力学时空演化机理

4.1 引言

目前，对地下结构体系的研究大多集中在常规地铁站结构，然而，地铁站不足以发挥城市地下结构的潜力。因此，有必要研究多种类型地下结构的破坏模式，以对地下结构进行综合评估。典型的大型地下结构包括公共建筑、商业综合体和地铁综合体，其中典型的大型地下结构为多层框架结构。大型地下结构与周围环境融为一体，根据形态可分为十字形、T 形和块体。另外，以深圳市大型轨道交通枢纽为案例，对其城市多扰动作用的韧性进行研究，提出多扰动阈值评定及安全管理策略。以深圳市大型轨道交通枢纽所所采用异形空腔试件（PHC）为案例，对其城市多扰动作用的韧性进行研究。第一，建立复杂工况下的地下结构有限元模型。第二，对深圳地铁大型轨道交通枢纽所采用 PHC 进行城市多扰动工况下的有限元分析，以评估其多扰动响应。第三，应用构件性能恢复试验结果评估扰动后深圳地铁大型轨道交通枢纽所采用 PHC 的恢复性。第四，基于以上结果提出深圳地铁大型轨道交通枢纽所采用 PHC 的易损性和韧性评估框架。第五，结合以上成果提出多扰动阈值评定及安全管理策略。

4.2 异形异构结构体系的有限元分析模型与参数

对异形异构结构进行有限元分析，建立了典型的大型轨道交通枢纽有限元模型，以及三维地下结构岩土耦合有限元模型，并使用 ADINA 进行了有限元分析。根据大型地下结构的典型建筑和结构布局，构建了十字形、T 形和块体方案的有限元模型（图 4.2-1a）。地下结构方案为典型的五层框架结构，总高度和纵向长度分别为 28.5m 和 240m。主要研究了结构的动力响应，并对典型地下结构的岩土模型进行了地震评估。研究人员对在 1995 年神户地震中严重受损并倒塌的大型轨道交通枢纽的地震破坏机理进行了研究，因此，本次有限元分析使用了神户地震的地震波和岩土参数数据。此外，输入采用了德鲁克-普拉格材料构成模型；混凝土材料构成模型采用了基于非线性断裂力学的混凝土模型；钢材采用了双线性弹塑性材料构成模型；岩土工程模拟采用八节点三维实体元素；结构墙和板采用四节点壳体元素进行模拟；钢筋混凝土单元是通过将混凝土与等效钢筋单元进行整合来模拟的，进行了基于大变形位移的显式动态分析，断裂条件设定为最大有效累积塑性应变，删除元素以模拟破坏，并观察结构破坏位置和模式。

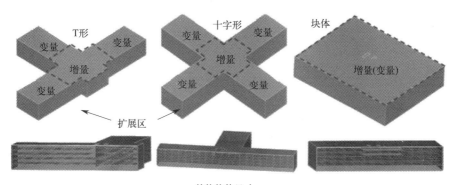

(a)

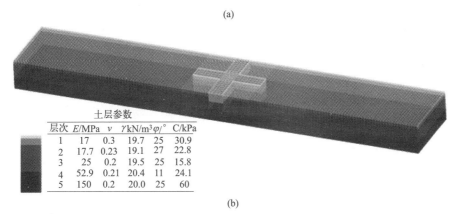

(b)

图 4.2-1　十字形、T 形和块体方案的有限元模型
(a) 十字形、T 形和块体方案的结构模型；(b) 土壤-结构有限元模型

建立了一个三维大型轨道交通枢纽-土耦合模型，尺寸为 300m×1500m×150m（图 4.2-1b）。为确保边界对土体与结构相互作用的影响可以忽略不计，横向边界为结构深度的五倍以上，底部边界为结构高度的四倍。底部岩土元素受到水平和垂直变形自由度的约束。在三维土-结构耦合模型中，地下结构的地震变形受到周围岩土元素的约束。在结构与土体单元之间的界面上设置了以下接触：①当界面受压时，接触压力可传递；②在界面分离时，不传递拉力；③土体-结构界面的切向变形采用库仑摩擦模型，摩擦系数为 0.4。

4.3 异形异构体系典型破坏模式

图 4.3-1(a) 表明，地下结构的抗震能力与土体-结构相互作用密切相关。十字形与 T 形的扩展块产生了凹凸角不规则的土体-结构相互作用界面。从土体-结构相互作用应力矢量图来看，不规则墙体界面处的土体承受着很高的应力，尤其是在延伸块的凹凸位置。相比之下，规则的条形地下结构主要产生横向变形。条形地下结构并没有在与土体的相互作用中产生较好的界面，它更均匀地作用于侧跨，峰值应力出现在角跨的交叉处。

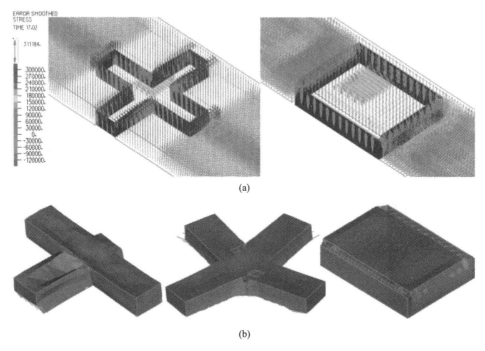

图 4.3-1 地下结构的有限元分析结果
（a）十字（T）形和块体方案的土-结构相互作用应力矢量；（b）十字形、T 形和块体方案的破坏模式

图 4.3-1(b) 显示了三种有限元分析方案的破坏模式。有限元分析破坏的特征如下：①如果达到断裂条件，则删除灰色板和绿色墙元素，露出蓝色钢筋元素；②如果删除钢筋元素，则认为该区域完全坍塌。十字（T）形的破坏模式为扭转变形。在巨力作用下，延伸块相对于中央区域产生了横向变形。此外，土体与结构的相互作用加大了地下核心周围凹角处的土压力，使该区域极易受到破坏。相比之下，"条形"的破坏模式主要是横向变形，这是因为其结构规整，土体-结构相互作用均匀，侧跨顶板最终被横向变形破坏。

图 4.3-1 显示了十字（T）形墙壁和顶板的拉应力时程曲线。应力-时间曲线的中断表示某个构件被破坏和移除，首次断裂发生在凹凸转角处的墙壁和顶板构件上。

总之，十字形、T 形和块体方案决定了结构体系的破坏模式。在十字（T）形方案中，顶板周围的凹凸壁首先发生断裂。随后，裂缝造成部分损坏。最后，裂缝贯通导致顶板失去约束而坍塌，瞬间产生 1/50 的向下挠度。此外，顶板的严重破坏可能会造成严重的次生灾害：顶板碎片落入室内会造成重大事故，大变形会造成设备损坏，尤其是地下一层的设备。因此，凹角的破坏压缩了布局和面积。相比之下，块体结构的损坏只发生在外侧跨度上。

4.4 异形异构体系复杂工况的有限元模型分析

对于复杂的地下结构易损性评估问题，本研究采用有限元分析方法进行易损性分析。本节采用大型轨道交通枢纽易损性分析结果建立大型轨道交通枢纽的结构有限元模型，对大型轨道交通枢纽应用 PHC 的城市多扰动作用易损性进行研究（图 4.4-1）。多灾害因子特指在施工和运营阶段引发结构变形的多种城市扰动因子，这种风险因子通常是由城市活动引起的不确定的土层变形。

试验分析主要应用 PHC 性能恢复试验和恢复性函数，以分析 PHC 的性能恢复能力。以大型轨道交通枢纽易损性分析结果构建有限元模型，采用有限元获得地下结构在复杂城市多扰动作用的效应。两者结合可获得大型轨道交通枢纽应用 PHC 城市多扰动作用易损性和韧性分析结果。地下结构结合有限元分析的易损性和韧性分析具体步骤如下：

（1）应用 PHC 性能恢复试验的结果。施工阶段风险后 PHC 结构进入恢复阶段，残余效应将累积到运营阶段。该试验可分析风险后 PHC 结构性能恢复能力和残余损伤。性能函数主要用于评估地下结构结构性能衰退及恢复的全过程。基于试验和实际项目获取应变的实用性，本研究采用地下结构的应变损伤模型作为性能函数的基础（式 4-1、式 4-2）。

$$x(t) = \frac{\varepsilon(t)}{\varepsilon_C} \tag{4-1}$$

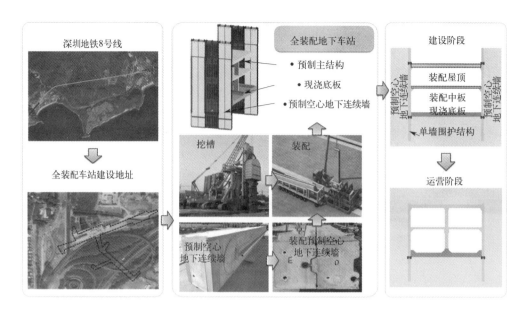

图 4.4-1　深圳地铁全装配大型轨道交通枢纽与 PHC 结构

$$Q(t)=\frac{1-(\alpha x(t)+(3-2\alpha)x(t)^2+(\alpha-2)x(t)^3)}{1-(\alpha x(t_Y)+(3-2\alpha)x(t_Y)^2+(\alpha-2)x(t_Y)^3)} \qquad (4-2)$$

式中：t_Y——屈服应变最终应变恢复时刻；

ε_C——应变系数。其中，对于 C60 混凝土，$\varepsilon_C=-2030\mu\varepsilon$，$\alpha=1.65$；对于 C35 混凝土，$\varepsilon_C=-1720\mu\varepsilon$，$\alpha=1.96$。

（2）应用 PHC 性能恢复性函数。定义大型轨道交通枢纽的性能函数和 PHC 结构在不同加载应变下的损伤阈值。本研究通过评估试验结果获得损伤阈值，既能标定 PHC 性能对应的损伤现象，又可赋予韧性阈值物理含义。为了便于灾后评估和管理，PHC 结构损伤阈值与风险后损伤状态及修复难度相关。因此，本研究根据 PHC 结构试验破坏特征和恢复性能制定其损伤阈值。图 4.4-2 展示了 PHC 试验现象和修复方案的对应关系，并展示了针对各阈值制定的修复方案：小型修复采用压力注浆修复裂缝，必要时对损伤区域进行 FRP 加固；中等修复方法采用剔槽重新修复裂缝区域，必要时对损伤区域进行钢板加固；大型修复需切除损伤区域（连同钢筋），对该区域进行重新建造。针对阈值制定修复策略有利于由评估结果直接输出修复方案，加速应急修复工程的进展。该阈值可反映 PHC 结构真实的损伤状态，为其灾后状态和修复评估提供重要参考。根据性能恢复和承载极限试验在不同应变水平的恢复能力和损伤特性，本研究建立 PHC 的应变-损伤-修复方案的关系，如下描述。

1）应变 $<200\mu\varepsilon$，应变可完全恢复，无须修复。

2）应变 $200\sim400\mu\varepsilon$，应变可完全恢复，最大产生宽度约 0.3mm 裂缝，可进行裂缝处理或无须修复。

第 4 章 大型轨道交通枢纽异形异构结构体系力学时空演化机理

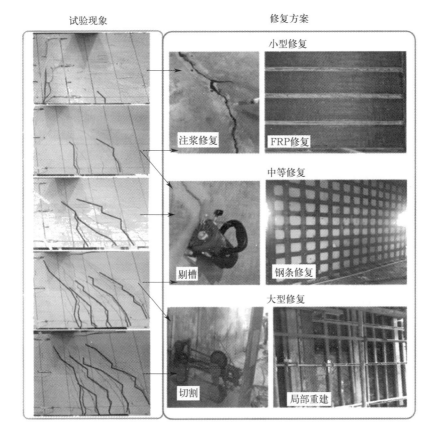

图 4.4-2 性能与损伤的标定和修复策略

3)应变 400~600$\mu\varepsilon$,应变基本可恢复,最大产生宽度约 0.6mm 裂缝,可进行小修或无须修复。

4)应变 600~800$\mu\varepsilon$,存在一定的残余应变,最大产生宽度约 1mm 裂缝,需进行非应急的小型修复。

5)应变 800~1000$\mu\varepsilon$,存在可观残余应变,最大产生宽度约 2mm 裂缝,建议在应变恢复时间内启动应急中等修复。

6)应变 1000~1600$\mu\varepsilon$,存在大量残余应变,最大产生宽度约 3mm 裂缝,建议立即启动应急中等或大型修复。

7)应变>1600$\mu\varepsilon$,破坏处应变已无法恢复,最大产生宽度约 8mm 裂缝,建议立即启动应急大型修复。

(3)多风险条件确定。对于 PHC 结构的易损性分析,本研究将多灾害因子定义为施工和运营两个阶段出现的风险因子。多风险作用定义为针对外墙结构的多位置多方向扰动。分析结果采用单/多风险结构对比。

(4)建立有限元模型,对地下结构进行多风险有限元分析。

（5）获得地下结构的多风险响应。通过有限元分析获得大型轨道交通枢纽的单/多风险响应；进行 PHC/传统大型轨道交通枢纽响应对比；多风险作用数据回归分析获得损伤不确定性和中位值。建立各阶段风险作用强度与结构性能关系，进行最佳拟合回归，得到每个损伤阈值下的中位变形值。

（6）计算材料和多种风险工况的不确定值。

（7）使用中位值和标准差计算对数正态累积分布函数，以建立多扰动作用易损性函数。对数破坏状态由超过特定损伤阈值所需的风险因子中位值和对数标准差来描述。单风险易损性函数提供了单风险扰动变形下特定损伤阈值的概率，多风险易损性函数则提供了集合两个阶段累积的多灾害因子扰动变形下特定损伤阈值的概率，具体如下。

$$P(D_{H_z1}) = \Phi\left(\frac{\ln\left(\frac{D_{H_z1}}{D_{TM1}}\right)}{\sqrt{\beta_M^2 + \beta_{D1}^2}}\right) \tag{4-3}$$

$$P(D_{H_z1}, D_{H_z2}) = \Phi\left(\frac{\ln\left(\frac{D_{H_z1}}{D_{TM1}}\right)}{\sqrt{\beta_M^2 + \beta_{D1}^2}}, \frac{\ln\left(\frac{D_{H_z2}}{D_{TM2}}\right)}{\sqrt{\beta_M^2 + \beta_{D2}^2}}\right) \tag{4-4}$$

式中： Φ——标准正态累积分布函数；

D_{H_z1}，D_{H_z2}——分别表示施工和运营阶段的灾害因子；

D_{TM1}，D_{TM2}——单/多风险工况下损伤阈值对应变形中位值；

β_M 和 β_D——分别表示材料和风险作用的对数标准差。

值得注意的是，对于不同的风险工况，D_{TM} 和 β_D 通常也不同。对于单风险易损性，中位值和对数正态标准差取决于施工阶段单风险强度和性能衰退；对于多风险易损性，中位值和对数正态标准差取决于施工阶段残余效应和运营阶段风险强度。

联合多个风险工况可综合评估系统易损性。通过计算特定风险集合下各位置的联合概率分布函数，以获得系统的破坏概率。假定各风险工况的破坏概率之间相互独立，则该情况下系统破坏概率存在上下限，下限值为单风险工况破坏概率最大值，上限值为所有集合内构件的联合破坏概率。以上关系由下式描述。

$$\max_{i=1}^{n}[P_i] \leqslant P \leqslant 1 - \prod_{i=1}^{n}[1 - P_i] \tag{4-5}$$

（8）本研究建立韧性函数评估 PHC 受城市多扰动作用的韧性。集合以上成果构建 PHC 层级韧性评估框架（PHC Hierarchical Resilience Assessment Framework，PHC-HRAF），可评估在多扰动工况下截面-构件-结构层次的韧性状态。

韧性评估通常基于韧性函数，该函数揭示了灾后结构性能在恢复时间内的时变特征。对面积 Q 进行积分获得韧性函数的表达式（式 4-6）。将 PHC 的性能恢复过程封装为一个韧性函数 r，从而有助于快速定量判断 PHC 的性能恢复性。

$$r = \frac{\int_{t_0}^{t_0+TR} Q(t)\,dt}{Q(t_0)TR} \tag{4-6}$$

一般情况下，为提高应用便利性会定量设置韧性阈值。本研究关注PHC扰动后性能是否具有韧性，其应用是否对当地应急修复产生压力。这种情况下，应根据PHC的恢复性能评估结果特殊制定韧性阈值。本研究以下将采用试验数据与有限元分析结果确定该阈值。

结合以上成果和实际应用，本研究提出PHC-HRAF。一般大型轨道交通枢纽采用光纤对构件进行分布式监测。由于PHC尺寸庞大，光纤监测信息也会非常庞大。另外，PHC的扰动损伤往往从局部发展至整体。从庞大的日常监测数据中突显PHC扰动响应是PHC-HRAF要解决的重大问题。为了可快速实施应急修复，本研究提出韧性评估方法的目标是对PHC的数据处理和韧性评估流程需是简便而快捷的。

结合监测特点，PHC-HRAF按截面-构件-结构进行分等级评估。首先，光纤从最基本的截面等级获取数据，传递给构件等级；其次，PHC-HRAF评估构件等级的韧性状态，传递给结构等级；最后，集合所有数据，PHC-HRAF将评估结构的韧性状态。以上流程可由式(4-7)表示。

$$R = (r_1, r_2, \cdots r_n)^{\frac{1}{\max[N_x+1,2]\min[r_1 r_2 \cdots r_n]}} \tag{4-7}$$

式中：R——下一级的韧性函数；

r——下一级的韧性函数；

N_X——下一级韧性函数中小于0.95的样本中小于其中位数的样本个数。

PHC-HRAF可容纳所有采集点的数据输入，也可进行分组输入。另外，PHC扰动应变数据将具有一定的分散和偶然特征。PHC-HRAF具备对突变应变的反馈能力，可在海量数据中凸显损伤区域的韧性状态。因此，PHC-HRAF适用于PHC在多风险环境中结合分布监测系统进行韧性管理。

4.4.1 异形异构体系结构有限元模型

大型轨道交通枢纽多扰动作用经过两个阶段：施工阶段，施工荷载引起的PHC结构变形以及风险H_Z1引起PHC结构变形；运营阶段，风险H_Z2引起PHC结构变形。两个阶段风险效应具有叠加效果。另外，扰动作用具有不确定性，引起PHC结构产生差异的变形模态。最后，在两个阶段中，大型轨道交通枢纽的结构形式和覆土条件均发生演化。为了对比PHC结构大型轨道交通枢纽（大型轨道交通枢纽-1W）风险效应，采用传统两墙结构的大型轨道交通枢纽（大型轨道交通枢纽-2W）作为对照。由于有限元方法适用于模拟该类复杂条件和状态问题，本研究采用该方法对多扰动作用效应进行分析。

根据完成的大型轨道交通枢纽易损性分析方案，本研究在ADINA中建立多风险PHC/传统大型轨道交通枢纽两阶段有限元模型（图4.4-3）。建立深圳地铁大型轨道交通枢纽-1W 施工阶段 PHC 围护结构模型，墙体厚度为 0.85m，总长度为 24m，嵌固深度 6m。PHC 结构考虑了空腔截面。同时，建立深圳地铁大型轨道交通枢纽-2W，现浇地下连续墙厚度 0.80m，结构外墙厚度 0.85m。大型轨道交通枢纽结构方案为典型的 2 层框架体系。为减少施工材料消耗和缩短施工周期，深圳地铁采用大型轨道交通枢纽顶板、中板和底板作为基坑支撑。该阶段中柱仍未施工，横向构件形成了 20m 的通长构件，顶部形成 4.5m 的悬臂结构。风险较大的施工阶段结构体系将作为单风险研究工况。运营阶段中柱和覆土将施工完毕，且顶部悬挑外墙将拆除。施工阶段的残余变形将累积入运营阶段，因此将运营阶段作为多风险研究工况。

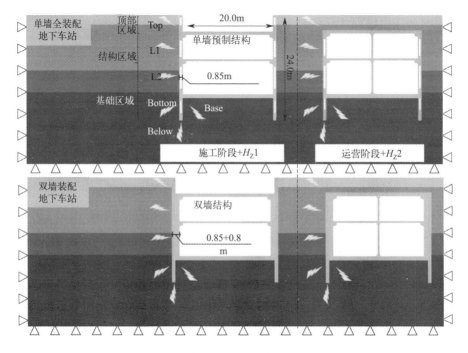

图 4.4-3 大型轨道交通枢纽多风险有限元模型

为了模拟各自风险工况下 PHC 结构的响应，有限元模型作了如下考虑。首先，在分析中采用陡增的时程函数反映风险因子突发性，并在峰值后衰减至 0 以反映风险衰减。其次，采用单元生死的方法模拟施工到运营阶段的结构形式和覆土条件的改变。该方法能将施工阶段风险因子残余效应累积至运营阶段，以模拟多风险效应。最后，采用重启动分析，并结合初始应力施加方法模拟施工阶段风险衰退后的应力恢复过程。采用该方法将 PHC 结构性能恢复的试验结果输入有限元模型，较准确地构建运营阶段初始状态和模拟多风险效应。

FEA 进行了以下设置。结构设置每侧约 50m 宽度的岩土环境。该尺寸超过深圳市地铁安全保护区范围，足以考虑风险行为。多风险工况以发生位置分为 Top、L1、L2、Bottom、Below 和 Base 六个工况，完全覆盖 PHC 结构的受荷范围。多风险工况表征了大型轨道交通枢纽典型的地表、浅层至深层的扰动源（图 4.4-4）。由于风险因子作用于岩土单元以模拟扰动作用，模型边界约束对结构响应的影响可以忽略不计。本研究建立岩土模型用于准确反映单/传统结构的变形模态。因此，岩土模型参考典型的深圳地区土层参数，并采用 Drucker-Prager model 进行输入。边界单元约束了水平和竖向变形自由度。在结构-土体耦合模型中，单/传统结构的变形受岩土单元约束。因此结构与土体单元的界面设定以下接触：（1）界面挤压时可传递接触压力；（2）界面脱开时不传递拉力；（3）土体与结构界面的切向变形采用库仑摩擦模型，摩擦系数设定为 0.4。采用 Explicit Dynamic Analysis 进行多风险分析，并采用大变形位移和应变公式设定。

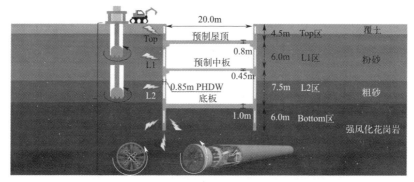

图 4.4-4 城市多风险工况

4.4.2 有限元结果分析

图 4.4-5(a) 展示了单风险多向风险效应。尽管风险源发生在同一个位置，但扰动作用也将引起结构产生不同效应。多方向风险下大型轨道交通枢纽-1W 的效应呈现较大区别，以 L1 工况为例，主要表现为：①变形模态产生区别。扰动作用方向的改变，大型轨道交通枢纽-1W 的变形模态呈现为上凸和下凸型；②效应显著的位置产生区别。上凸和下凸型分别对作用范围内上、下节点产生显著影响；③效应显著位置的数量不同，上凸和下凸型趋势越明显，效应显著位置越倾向于一处，其余情况倾向于出现两个以上效应显著位置；④效应显著位置的出现时机不同。对于两个以上的效应显著位置情况，出现性能衰退的时机并不一致。因此，同一位置在不同扰动作用下风险效应也可产生很大区别。

图 4.4-5(b) 展示了大型轨道交通枢纽两个阶段 90°方向多位置风险效应。在施工阶段，大型轨道交通枢纽-1W 直接承受风险因子的冲击。在多位置风险下大型轨道交通枢纽-1W 变形模态明显呈现出顶部（①）、结构（②③）和基础（④⑤⑥）范围三类不同变形模态。风险因子衰退后大型轨道交通枢纽进行性能恢复阶段。结果表明，单风险因子衰退后，土体与大型轨道交通枢纽-1W 相互作用下出现了一定的残余效应。因此，第二次扰动作用发生在具有一定初始变形的情况下，

将会产生不利影响。另外,第二次扰动作用的结构形式和覆土条件已发生了变化。这些因素累积至运营阶段遭受的第二次风险,使得多风险效应比单风险更显著。

图 4.4-5(c) 展示了大型轨道交通枢纽-1W 与大型轨道交通枢纽-2W 在典型的 Top、结构和基础区域风险效应的对比。

综上,大型轨道交通枢纽-1W 与大型轨道交通枢纽-2W 风险效应在不同扰动作用下会产生区别。另外,多风险效应的容限远低于单风险。最后,大型轨道交通枢纽-1W 与大型轨道交通枢纽-2W 在不同区域的风险效应具有一定差异性。因此,易损性函数需区分不同风险工况和区域建立,并考虑不同扰动作用的不确定性。

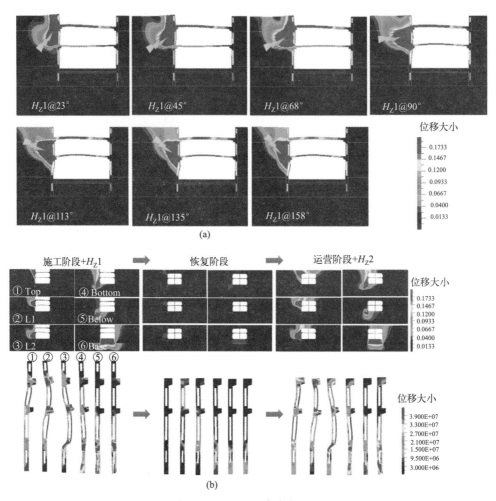

图 4.4-5 FEA 风险响应(一)

(a) 单风险多向风险效应,L1 工况;(b) 两阶段 90°方向多位置风险效应;

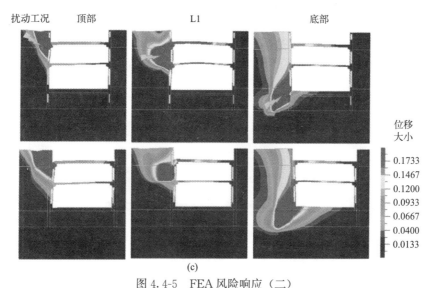

图 4.4-5　FEA 风险响应（二）
(c) 大型轨道交通枢纽-1W，大型轨道交通枢纽-2W 三区域效应对比

4.5　本章小结

本节对异形异构地下结构体系的经典破坏模式以及该体系受城市多扰动作用的韧性进行研究。其中典型的大型地下结构包括公共建筑、商业综合体和地铁综合体都为多层框架结构，根据形态可分为十字形、T 形和块状。主要结论如下：

（1）FEA 的结果展示了大型轨道交通枢纽结构的多扰动响应的差异性极大，表现为：PHC 出现应变显著发展的区域位置、数量、时机不同。另外，PHC 对多扰动变形的容限不同，包络分析下相同扰动变形最大应变可达最小应变的 2 倍以上。该结果揭示了固定的变形控制不一定适用于大型轨道交通枢纽安全管理，尤其在多风险环境下。

（2）PHC 恢复性大大改善了大型轨道交通枢纽的城市多扰动工况变形容限。城市多干扰作用对大型轨道交通枢纽的影响越来越复杂，且具有高度的不确定性。PHC 结构更容易受到扰动影响。此外，大型轨道交通枢纽的扰动后修复也存在较大难度。因此，PHC 的恢复性增强了大型轨道交通枢纽对扰动的适应性，有利于减小运营压力。通过使用 PHC 恢复性，PHC 结构的扰动变形容限可提高 20%～60%。

（3）大型轨道交通枢纽-1W 与大型轨道交通枢纽-2W 在不同扰动下的风险效应存在差异，且多重风险的影响容限远低于单一风险。此外，这两种大型轨道交通枢纽在不同区域表现出的风险效应也有所不同。因此，在建立易损性函数时，需要区别对待不同风险状况和区域，并考虑各种扰动作用的不确定性。

第5章 基于准-全分布光纤的结构多参量感知理论与技术

5.1 引言

城市轨道交通引领城市发展的新格局，大型轨道交通枢纽工程具有深大、异形异构、施工难度大、受力复杂、空间尺寸巨大、风险高等特征。超前感知工程岩土体或结构赋存的异常可以防止灾难性事故的发生，使决策者和利益相关者能够进一步优化基础设施的建造、运营和维护措施，防止工程事故的发生。目前，研究人员已经研发了多种传感器技术以监测岩土体与工程结构的安全状况。其中，光纤传感器因其独特的感知特性而备受关注，例如重量轻、体积小、高灵敏度、高精度、高空间分辨率、超强的物理和化学稳定性、抗电磁干扰、多路复用、可获得连续空间应变场与温度场分布，被广泛地应用于地下工程结构或岩土体的智能监测，包括基坑工程、隧道工程、桩基础等，可获得上述多种不同类型工程结构的温度场、应变场、位移场等，为地下工程的安全提供了重要的保障。由于光纤传感器多个外层结构的存在导致光纤纤芯感知的应变与被测基体应变显著不同，所以存在明显的应变传递效应，即剪滞效应。研究现场分布式光纤传感器多层界面与被测岩土体及结构的耦合机理，系统地探索多层界面对剪滞效应的影响规律，明确分布式光纤信号准确正演与反演被测基体应变场的理论方法并进行系统地验证，对掌握分布式光纤传感技术，精准感知岩土体与工程结构的真实应变场，具有十分重要的科研价值。

本章节系统研究了多种分布式光纤传感技术在工程应用中存在的基础问题，探索了光纤传感器与被测基体的耦合机理，分析了光纤-基体界面多参数对应变传递效应的影响规律。重点探索了基于分布式光纤监测岩土体变形的有限差分计算理论方法，通过以上基础研究为现场的光纤传感器精准感知应变场与位移场奠定了研究基础。

5.2 光纤光栅与被测基体耦合机理研究

光纤光栅传感器是一种准分布式（点式）的传感器，兼具多路复用功能，即可以测量一定间隔的连续空间点位的应变分布。本研究主要结合光纤传感器的表贴安装方式，通过理论与试验验证结合的方式系统地研究了光纤光栅与被测基体的接触机理，并开展了系统的参数研究，明确了接触界面的力学性能与尺寸参数对光纤传感器测量误差的影响规律，为光纤光栅精准测量被测基体变形提供理论依据。

（1）光纤光栅与被测基体接触界面解析解研究

光纤光栅通过表面粘贴的方法固定于基体层表面，光纤层与基体层之间通过胶结层粘连，如图 5.2-1 所示。在上部荷载和土体重力的共同作用下，基体层发生轴向形变，而后带动光纤层发生轴向拉伸。本节将对基体层的应变与光纤层的应变之间的传递效果进行分析，并做出如下几点假设：

1）材料均为线弹性，仅考虑光纤层传感器沿轴线方向的变形。

2）光纤层与被测基体之间通过胶结层紧密粘连，胶结面无相对位移。

3）光纤层与胶结层的应变梯度相同。

4）胶结层中剪应力随厚度的增加呈线性变化。

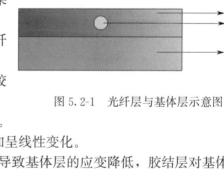

图 5.2-1 光纤层与基体层示意图

胶结层会对基体层产生反作用，导致基体层的应变降低，胶结层对基体层的影响深度用 h_i 表示，取 $h_i = 1 \text{mm}$。

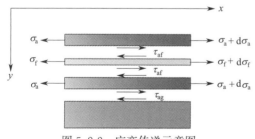

图 5.2-2 应变传递示意图

在图 5.2-1 中取光纤层传感器上的任意一个微元 $\text{d}x$，各层的应变传递见图 5.2-2。图 5.2-1 中：D 为光纤层的胶贴宽度；$2L$ 为光纤层的胶结长度；h 为胶贴厚度。图 5.2-2 中：σ_a 和 σ_f 分别表示胶结层和光纤层的轴向应力；τ_{af}、τ_{ag} 分别为光纤层与胶结层界面之间的剪应力、胶结层与基体层界面之间的剪应力。

对 $\text{d}x$ 微元各层进行力学分析，按照力的平衡，对胶结体分析可得：

$$\mathrm{d}\sigma_a(Dh-\pi r_f^2)+\tau_{af}2\pi r_f \mathrm{d}x+\tau_{ag}D\mathrm{d}x=0 \tag{5-1}$$

式中：r_f——光纤的半径。

对光纤光栅分析可得：

$$\mathrm{d}\sigma_f \pi r_f^2 +\tau_{af}2\pi r_f \mathrm{d}x=0 \tag{5-2}$$

光纤光栅与胶结体的弹性模量相差比较大，可认为光纤光栅与胶结体同步变形，假定光纤层和胶结层的应变梯度相同。对于胶结层有：

$$\tau_a=-\frac{\tau_{ag}-\tau_{af}}{\frac{h}{2}-r_f}y+\frac{\tau_{ag}\left(-r_f-\frac{h}{2}\right)+\tau_{af}h}{\frac{h}{2}-r_f} \tag{5-3}$$

式中：τ_a——胶结层的剪切应力；

y——$h/2+r_f \leqslant y \leqslant h$。

将公式 $\tau=G\mathrm{d}\mu/\mathrm{d}y$ 分别与式(5-3) 和式(5-2) 联立，并且两边分别对 y 积分可得

$$G_g(\mu_g-\mu_a)=-\frac{h_i^2}{2}\left[E_a\left(h-\frac{\pi r_f^2}{D}\right)-E_f\frac{\pi r_f^2}{D}\right]\frac{\mathrm{d}\varepsilon_f}{\mathrm{d}x} \tag{5-4}$$

$$G_a(\varepsilon_a-\varepsilon_f)=-E_f\left(\frac{r_f}{2}-\frac{\pi r_f^2}{D}\right)\left(\frac{h}{4}-\frac{r_f}{2}\right)\frac{\mathrm{d}^2\varepsilon_f}{\mathrm{d}x^2} \tag{5-5}$$

式中：G_g——基体的剪切模量；

G_a——胶结层的剪切模量；

ε_a——胶结层的应变；

ε_f——光纤的应变；

μ_g——基体层的轴向位移；

μ_a——胶结层的轴向位移；

E_f——光纤层的弹性模量。

式(5-4)、式(5-5) 两边分别对 x 求导可得

$$\varepsilon_g=\varepsilon_a-\frac{1}{2}\frac{h_i}{G_g}\left[E_a\left(h-\frac{\pi r_f^2}{D}\right)-E_f\frac{\pi r_f^2}{D}\right]\frac{\mathrm{d}^2\varepsilon_f}{\mathrm{d}x^2} \tag{5-6}$$

$$\varepsilon_a=\varepsilon_f-\frac{E_f}{G_a}\left(\frac{r_f}{2}-\frac{\pi r_f^2}{D}\right)\left(\frac{h}{4}-\frac{r_f}{2}\right)\frac{\mathrm{d}^2\varepsilon_f}{\mathrm{d}x^2} \tag{5-7}$$

则基体层的应变 ε_g 为

$$\varepsilon_g=\varepsilon_f-\frac{1}{k^2}\frac{\mathrm{d}^2\varepsilon_f}{\mathrm{d}x^2} \tag{5-8}$$

其中：

$$\frac{1}{k^2}=\frac{E_f}{G_a}\left(\frac{r_f}{2}-\frac{\pi r_f^2}{D}\right)\left(\frac{h}{4}-\frac{r_f}{2}\right)+\frac{1}{2}\frac{h_i}{G_g}\left[E_a\left(h-\frac{\pi r_f^2}{D}\right)-E_f\frac{\pi r_f^2}{D}\right] \tag{5-9}$$

则式(5-9) 变为

$$-k^2\varepsilon_g = \frac{d^2\varepsilon_f}{dx^2} - k^2\varepsilon_f \tag{5-10}$$

其通解为

$$\varepsilon_f(x) = C_1 e^{kx} + C_2 e^{-kx} + \varepsilon_g(x) \tag{5-11}$$

式中：C_1 和 C_2——由边界条件决定的积分常数。

利用边界条件 $\varepsilon_f(L) = \varepsilon_f(-L) = 0$ 可得：

$$C_1 = C_2 = -\frac{\varepsilon_g}{2\cosh(kL)} \tag{5-12}$$

令应变传递系数 $\alpha(x)$ 为

$$\alpha(x) = \frac{\varepsilon_f(x)}{\varepsilon_g(x)} = 1 - \frac{\cosh(kx)}{\cosh(kL)} \tag{5-13}$$

在整个胶结长度上，光纤的平均应变为：

$$\varepsilon_f = \frac{\int_{-L}^{L}\left[1 - \frac{\cosh(kx)}{\cosh(kL)}\right]dx}{2L}\varepsilon_g = \left[1 - \frac{\sinh(kx)}{kL\cosh(kL)}\right]\varepsilon_g \tag{5-14}$$

整个光纤光栅胶结长度 $2L$ 上的平均应变传递系数为：

$$\alpha = \frac{\varepsilon_f}{\varepsilon_g} = 1 - \frac{\sinh(kL)}{kL\cosh(kL)} \tag{5-15}$$

从式(5-11)、式(5-13)、式(5-15) 可以看出，应变传递系数的主要影响因素有胶结层的厚度、宽度、弹性模量、剪切模量以及光纤光栅的胶结长度。

(2) 粘结界面力学与尺寸参数对光纤光栅应变传递系数的影响规律

研究中利用文献中的试验数据来验证应变传递模型的正确性。张桂花利用裸光纤光栅传感器进行了水泥砂浆试件的单轴拉伸试验和圆钢锚杆的全锚拉拔破坏试验，所用胶结剂分别为502胶与环氧树脂胶。孙阳阳等利用裸光纤光栅传感器进行了钢梁的按压试验，所用胶粘剂为 LOCTITE 401 胶粘剂。参考文献中详细试验参数值见表5.2-1。表5.2-2为平均应变传递系数的试验值与理论值的比较，从表中可以看出，理论值和试验值基本一致，最大误差14.8%，总体差异较小。

参考文献试验参数值　　　　表 5.2-1

文献来源	E_f/MPa	r_f/mm	$2L$/mm	E_a/MPa	G_a/MPa	h/mm	D/mm	h_i/mm	G_g/MPa
张桂花	72000	0.0625	40	65	25	1.00	5	1	68000
张桂花	72000	0.0625	25	23	10	0.80	5	1	2000
孙阳阳等	72000	0.0625	25	40	18	0.13	1	1	68000

参考文献材料平均应变传递系数对比　　　　表 5.2-2

文献来源	试验值	理论值	误差/%
张桂花	0.88	0.79	10.2
张桂花	0.47	0.54	14.8
孙阳阳等	0.96	0.98	2.3

表面粘贴式的光纤光栅传感器常需要覆盖一定厚度和宽度的保护层，本部分主要研究传感器与被测基体的粘结厚度、粘结层弹性模量、基体层剪切模量对应变传递系数的影响规律，光纤传感器各个参数的取值如表5.2-3所示。

光纤传感器各个参数的取值　　　　表5.2-3

材料参数	取值范围	代表值
光纤层弹性模量/MPa	—	72000
胶结层厚度/mm	0.25～4	2
胶结层宽度/mm	0.5～10	1
胶结层剪切模量/MPa	200～1000	684
基体层剪切模量/MPa	300～6900	4352

由图5.2-3可以看出，当光纤光栅胶结长度为10mm、厚度为4mm时，平均应变传递系数降低了约35%；当光纤光栅胶结长度为40mm、厚度为4mm时，平均应变传递系数降低了约7%，且胶结层厚度越小，应变传递越充分。但光纤光栅通过胶结层粘结在基体表面，需要有一定的厚度，胶结层过厚，则会造成基体层应变传递到光纤光栅的部分减少；胶结层过薄，则会使光纤光栅在与基体共同变形时脱落。由此说明可以在保证胶结层不发生脱落的情况下尽量减小胶结层厚度。

由图5.2-4可以看出，光纤中心点处的应变传递系数随胶结层宽度的逐级增加，减小幅度约为5%，当计算点距传感器中心长度不断增加，减小幅度逐渐增大，在距离中心点4mm处，随宽度的增加应变传递系数减小幅度最大，约为20%。当胶结层宽度在2～10mm内变化时，应变传递系数的变化幅度基本为0，说明随着胶结层宽度的增加，其对应变传递系数的影响逐渐减弱。

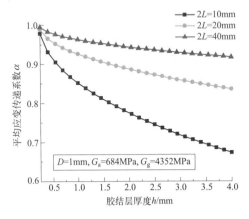
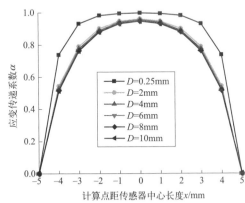

图5.2-3　平均应变传递系数　　　　图5.2-4　应变传递系数
　　随胶结层厚度变化关系　　　　　　随胶结层宽度变化关系

由图5.2-5可以看出，应变传递系数随着计算点距传感器中心长度的增加而不断减小。并且，胶结层剪切模量越大，应变传递系数也越大，但其增大幅度却逐渐减小，因此在光纤传感器的封装过程中需要足够的胶结长度以保证较高的应变传递水平。

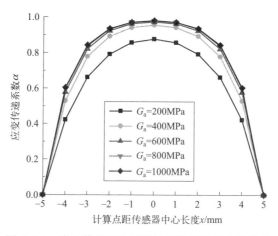

图 5.2-5　应变传递系数随胶结层剪切模量变化关系

5.3　分布式光纤与被测基体多接触界面耦合机理研究

未进行保护的分布式光纤传感器即裸光纤异常脆弱，难以应用于室内外试验监测。现场应用的光纤传感器需采用多层外包材料进行加强与保护使其具备一定的韧性。如图 5.3-1 所示，现场使用的传感器从内而外的保护层包括镀层、包层、加强芯、外包保护层等，这些内外结构的存在大大提高了光纤传感器的机械强度和可加工性，使其方便应用于现场监测，但多层材料的存在也导致被测基体与光纤纤芯的耦合机理比裸光纤光栅传感器更加复杂。

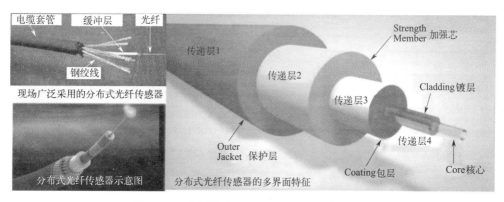

图 5.3-1　光纤传感器应变传递的多层界面特征

（1）分布式光纤-被测基体的剪滞效应研究

根据室内外光纤传感器现场监测的试验情况，研究考虑的分布式光纤-被测基体耦合机理中拟考虑的是工程中最常用的表面粘贴式和内埋式的分布式光纤：表面粘贴的分布式光纤外部为外径 0.9mm 的聚氯乙烯（Polyvinyl Chloride，PVC）紧包保护层，内部为紧包的裸光纤；埋入式的分布式光纤结构为现场常用的外径 5mm 的金属基应变光缆。以现场常用的金属基应变分布式光纤为例，当基体材料受拉或受压时，考虑典型的三种以上的应变传递层，被测基体材料的应变通过光纤传感器的外包层、加强层、缓冲层逐层传递给内部的光纤纤芯，各层均发生不均匀的轴向变形和剪切变形。由于材料性质不同，光纤传感器的模量与被测基体材料的模量往往不匹配，因此存在相对剪切位移和轴向位移差，如图 5.3-2 所示。考虑在被测基体表面粘贴式和内埋式的分布式光纤，其中表贴式分布式光纤传感器与被测基体属于平面对称问题，而内埋式分布式光纤与被测基体属于轴对称问题，通过建立被测基体材料-光纤纤芯的应变传递解析解模型，分析变形由被测基体材料的真实变形传递给内部光纤的变形之间的差值，以反映由于剪滞效应引起的分布式光纤测量结果与被测基体材料应变的差异性。

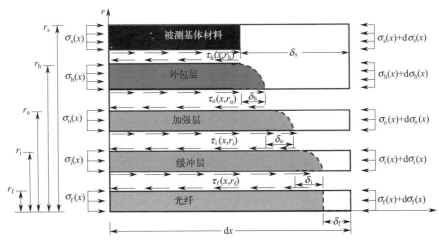

图 5.3-2　分布式光纤与被测基体的多界面接触机理示意图

基本假设：光纤与被测基体的材料都为线弹性，多个粘结界面均不存在滑移，只考虑平行于光纤的应力应变，忽略光纤传感器对基体应变场的影响，同时分析过程中考虑对称性因素。缓冲层的剪切应力为 $\tau_b(x, r)$，加强层的剪切应力为 $\tau_s(x, r)$。混凝土等基底材料和外包层之间的剪切应力为 $\tau_j(x, r_j)$。外包层和加强件层之间的剪切应力为 $\tau_s(x, r_s)$。加强层和缓冲层之间的剪切应力为 $\tau_b(x, r_b)$。缓冲层和光纤之间的剪切应力为 $\tau_f(x)$。光纤、缓冲层、加强层、外包层和基底材料附近的法向应力分别为 $\sigma_f(x)$、$\sigma_b(x)$、$\sigma_s(x)$、$\sigma_j(x)$ 和 $\sigma_c(x)$。光纤和基体的变形分别为 δ_f 和 δ_c；在 x 处，缓冲层、加强层和外包层由于剪切应力而产生的变形分别为 δ_b、δ_s 和 δ_j，其长度为 dx。缓冲层、加强层和外包层的剪切应变分别为 γ_b、γ_s 和 γ_j。左侧未显示变形。图 5.3-2 中所示变形表示两侧的总变形。

考虑到受力平衡，每层材料水平方向的平衡方程可写为：

$$(\pi r_f^2)d\sigma_f(x)+(2\pi r_f)\tau_f(x)dx=0 \tag{5-16}$$

$$(\pi r^2-\pi r_f^2)d\sigma_b(x)+(2\pi r)\tau_b(x,r)dx=(2\pi r_f)\tau_f(x)dx, r_f\leqslant r\leqslant r_b \tag{5-17}$$

$$(\pi r^2-\pi r_b^2)d\sigma_s(x)+(2\pi r)\tau_s(x,r)dx=(2\pi r_b)\tau_b(x,r_b)dx, r_b\leqslant r\leqslant r_s \tag{5-18}$$

$$(\pi r^2-\pi r_s^2)d\sigma_j(x)+(2\pi r)\tau_j(x,r)dx=(2\pi r_s)\tau_s(x,r_s)dx, r_s\leqslant r\leqslant r_j \tag{5-19}$$

根据假设，光纤的纵向应变可以表示为：

$$\sigma_f(x)=E_f\varepsilon_f(x) \tag{5-20}$$

式(5-16)可以写为

$$\tau_f(x)=-\frac{E_f r_f}{2}\frac{d\varepsilon_f(x)}{dx} \tag{5-21}$$

将式(5-21)代入式(5-17)～式(5-19)

$$\tau_b(x,r)=-\frac{E_f r_f^2}{2r}\frac{d\varepsilon_f(x)}{dx}, r_f\leqslant r\leqslant r_b \tag{5-22}$$

$$\tau_s(x,r)=-\frac{E_f r_f^2}{2r}\frac{d\varepsilon_f(x)}{dx}, r_b\leqslant r\leqslant r_s \tag{5-23}$$

$$\tau_j(x,r)=-\frac{E_f r_f^2}{2r}\frac{d\varepsilon_f(x)}{dx}, r_s\leqslant r\leqslant r_j \tag{5-24}$$

根据假设条件，变形需满足：

$$\delta_c=\delta_f+\delta_b+\delta_s+\delta_j \tag{5-25}$$

基体材料和光纤芯线纵向变形可以表示为：

$$\delta_c=\varepsilon_c(x)dx, \delta_f=\varepsilon_f(x)dx \tag{5-26}$$

基体材料到光纤的应变传递取决于夹层中的剪切应变，该应变是由于基底材料和光纤芯线之间发生相对变形引起的，对于缓冲层、加强层和外包层：

$$\delta_b=\int_{r_f}^{r_b}d\gamma_b(x,r)dr=\frac{1}{G_b}\int_{r_f}^{r_b}d\tau_b(x,r)dr \tag{5-27}$$

$$\delta_s=\int_{r_b}^{r_s}d\gamma_s(x,r)dr=\frac{1}{G_s}\int_{r_b}^{r_s}d\tau_s(x,r)dr \tag{5-28}$$

$$\delta_j=\int_{r_s}^{r_j}d\gamma_j(x,r)dr=\frac{1}{G_j}\int_{r_s}^{r_j}d\tau_j(x,r)dr \tag{5-29}$$

其中 $\gamma_b=\tau_b/G_b$，$\gamma_s=\tau_s/G_s$，$\gamma_j=\tau_j/G_j$。

将式(5-26)、式(5-29)代入式(5-25)可得：

$$\varepsilon_c(x)dx=\varepsilon_f(x)dx+\frac{1}{G_b}\int_{r_f}^{r_b}d\tau_b(x,r)dr+\frac{1}{G_s}\int_{r_b}^{r_s}d\tau_s(x,r)dr+\frac{1}{G_j}\int_{r_s}^{r_j}d\tau_j(x,r)dr \tag{5-30}$$

将式(5-22)～式(5-24)代入式(5-30)可以改写为：

$$\varepsilon_c(x)=\varepsilon_f(x)-\frac{E_f r_f^2}{2}\left[\frac{\ln(r_b/r_f)}{G_b}+\frac{\ln(r_s/r_b)}{G_s}+\frac{\ln(r_j/r_s)}{G_j}\right]\frac{d^2\varepsilon_f(x)}{dx^2} \tag{5-31}$$

通过转换可以改写为：

$$\varepsilon_f''(x) - k^2 \varepsilon_f(x) + k^2 \varepsilon_c(x) = 0 \tag{5-32}$$

$$k^2 = \frac{2}{E_f r_f^2 \left[\frac{\ln(r_b/r_f)}{G_b} + \frac{\ln(r_s/r_b)}{G_s} + \frac{\ln(r_j/r_s)}{G_j} \right]} \tag{5-33}$$

具有多层包层光纤中的应变传递可以由式(5-33)推导得出：

$$k^2 = \frac{2}{E_f r_f^2 \left[\frac{\ln(r_i/r_f)}{G_i} + \frac{\ln(r_o/r_i)}{G_o} + \frac{\ln(r_j/r_s)}{G_j} + \cdots + \frac{\ln(r_m/r_{m-1})}{G_m} \right]} \tag{5-34}$$

式(5-32)和式(5-33)可以表示为：

$$\varepsilon_f(x) = C_1 \cosh(kx) + C_2 \sinh(kx) + \varepsilon^p(x) \tag{5-35}$$

前两项是方程一般解，$\varepsilon^p(x)$ 是 $\varepsilon_c(x)$ 的特殊解，$\varepsilon_c(x)$ 是沿光纤基底材料的应变分布，C_1、C_2 由边界条件确定。经受均匀应变场的光纤沿着混凝土圆柱的中心轴嵌入，该试样具有均匀的横截面并处于单轴力（P）作用工况下。基底材料的弹性模量和横截面面积分别为 E_c 和 A_c。主体材料中的法向应变表示为：$\varepsilon_c(x) = P/E_c A_c = \varepsilon_0$。光纤中的法应变可以表示为：

$$\varepsilon_f(x) = C_1 \cosh(kx) + C_2 \sinh(kx) + \varepsilon_0 \tag{5-36}$$

边界条件为：

$$\varepsilon_f(x=0) = 0, \varepsilon_f(x=L) = 0 \tag{5-37}$$

将式(5-36)代入式(5-37)可以得到：

$$C_1 = -\varepsilon_0; C_2 = -\varepsilon_0 \tanh(kL) \tag{5-38}$$

因此，沿光纤长度方向的应变为：

$$\varepsilon_f(x) = \varepsilon_0 [1 - \cosh(kx) - \tanh(kL) \sinh(kx)] \tag{5-39}$$

应变传递比为：

$$\alpha(x) = \varepsilon_f(x)/\varepsilon_c(x) = 1 - \cosh(kx) - \tanh(kL) \sinh(kx) \tag{5-40}$$

光纤嵌入段平均应变传递率为：

$$\bar{\alpha}(x) = \frac{\overline{\varepsilon_f}(x)}{\varepsilon_c(x)} = \frac{\int_{-L}^{L} [1 - \cosh(kx) - \tanh(kL) \sinh(kx)] \, dx}{2L} = 1 - \frac{\sinh(kL)}{kL} \tag{5-41}$$

（2）光纤-被测基体的耦合解析模型验证研究

本项目的现场监测研究采用金属基应变传感器，光纤传感器的结构如图 5.3-3 所示，包括：①内部的 $125\mu m$ 直径的光纤芯线主要用于监测结构的应变信息和传输数据；②聚氯乙烯（Polyvinyl Chloride，PVC）光纤芯线的涂覆层，用于固定和保护内部的光纤芯线；③金属加强件，主要用于增加光纤的韧性，使其可以承受一定程度的弯折；④聚乙烯（Polyethylene，PE）材料的外包层，主要保护内部的光纤传感器以免受外界环境的影响，保证光纤监测的安全。

光纤中传播的散射光有三种，包括瑞利散射光、布里渊散射光及拉曼散射光。布里渊光频域反射计技术是基于瑞利散射光变化的应变测量技术，其工作原理如图 5.3-4 所示。激

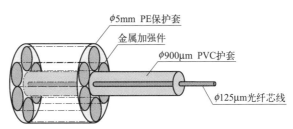

图 5.3-3　光纤传感器结构示意图

光器发出的线性扫频光被耦合器分为两束光：一束作为参考光到达反射镜后原路返回到耦合器中；另一束作为待测光进入待测光纤后，在应变与温度的影响下，反向瑞利散射光波长发生漂移并重新进入耦合器。两束光信号在耦合器中重合与相干混频，混频后的光信号再由光电探测器进行光电转换，通过傅里叶转换对偏移量解调，得到待测光纤中的应变、温度等信息。瑞利散射光波长的偏移量与应变和温度的关系由下式进行计算：

$$\frac{-\Delta v}{v}=\alpha(T_1-T_0)+\beta(\varepsilon_1-\varepsilon_0) \tag{5-42}$$

式中：α——温度灵敏系数；
　　　T_1——温度最终的测量值；
　　　T_0——初始温度测量值；
　　　β——应变灵敏系数；
　　　ε_0——初始应变；
　　　ε_1——终值应变。

基于式(5-42)可分别计算光纤传感器所处环境的温度与应变变化量，光频域反射计的空间分辨率达到 1mm。

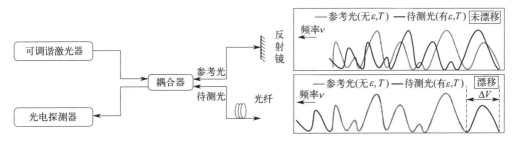

图 5.3-4　分布式光纤工作原理图

（3）分布式光纤传感器的性能标定测试

现场采用基于布里渊光频域分析（Brillouin Optical Frequency Domain Analysis，BOFDA）技术的分布式光纤对 V 形柱的柱身应变进行测量，为结构体系转换中 V 形柱的受力特征进行风险分析，保障结构安全。BOFDA 是一种用于测量布里渊散射效应产

生的光频率的技术,其原理图如图 5.3-5 所示,光纤外界的温度和应变变化与光纤的频率变化成正比关系,通过计算频率的漂移量反映传感器环境的温度与应变变化。

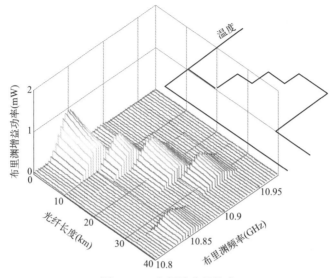

图 5.3-5 光频域分析技术

相比于其他监测技术,BOFDA 技术的优势主要体现在:①使用标准的单模光纤作为监测传感器,光损耗少,测量快速且传感器的成本低;②对于应变和温度有较好的空间分辨率和长达 50km 的测量量程,空间分辨率达到 20cm 以内,采样间隔可达 5cm,传感器精度为 $\pm 2\mu\varepsilon$,连续空间变形监测可以替代成千上万个常规传感器;③可以在复杂环境下工作且不受电磁干扰。

为了验证传感器测量的精准性,需要开展传感器的标定研究。如在光学平台上固定两个微位移控制平台,微动滑台上分别固定两个线轴,将分布式光纤传感器分别在两个线轴上缠绕两圈,利用胶水将分布式光纤传感器的两端粘贴在线轴上。调节微位移控制平台对分布式光纤传感器施加拉伸位移,每次位移步长 0.01mm,每个位移步长保持 60s,采集分布式光纤的应变数据,最大拉伸位移达到 0.5mm(图 5.3-6)。

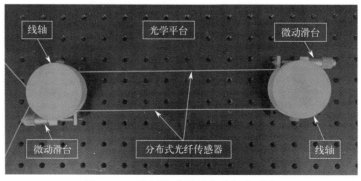

图 5.3-6 光纤传感器的位移标定平台

分布式光纤的实测应变与施加的应变之间的关系如图 5.3-7 所示，理论平均应变可利用施加的位移步长除以光纤传感器的长度获得，由图中可以看出，相关系数 R^2 也达到了 0.99819，实际应变和理论应变变化量的系数为 1.02，即施加的应变与实际测得的应变高度吻合，二者误差低于 2.5%。

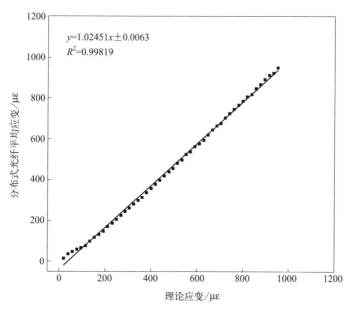

图 5.3-7　分布式光纤实测应变与施加的理论应变之间的关系

现场监测常采用的光纤传感器一般均带有铠装护套，护套由纤芯、缓冲层、加强件和保护套四部分组成，传感器结构示意如图 5.3-8 所示。纤芯材料为 SiO_2，直径为 $125\mu m$，主要用于应变信息测量和数据传输；缓冲层用于固定和保护裸光纤；加强件一般为金属基材料，用于保护内部光纤，提高传感器的抗弯和抗剪性能，多为钢绞丝结构；保护套即外包层，本试验中的光缆为 PE 材料，用于加强光缆的安全性。分布式光纤传感器的材料性能参数与几何尺寸如表 5.3-1 所示。

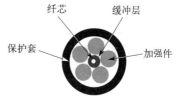

图 5.3-8　现场用分布式光纤传感器结构示意图

分布式光纤传感器的材料性能参数与几何尺寸　　表 5.3-1

传感光缆	光缆组件			
	纤芯	缓冲层	加强件	保护套
材料	二氧化硅	软丙烯酸酯	金属	低密度聚乙烯
杨氏模量(GPa)	72			
剪切模量(Pa)		10	900	70
外半径(μm)	62.5	95	950	2500

现场应用的分布式光纤传感器均带有铠装护套，会对应变传递产生一定的影响，即剪滞效应，为了确保现场试验的准确性，本项目在室内开展了分布式光纤传感器的应变传递试验。试验样品选择了长×宽×高（300mm×100mm×100mm）的钢筋混凝土试块，如图5.3-9所示，混凝土等级为C30，采用直径为8mm的HRB335级钢筋。为了保证钢筋混凝土试样的可制备性，采用3D打印制作了环箍筋固定四根钢筋。混凝土保护层厚度为20mm，试验中共制作了三组钢筋混凝土试块。

光纤传感器为柔性结构，为了保证现场监测中光纤传感器可同时量测拉压应变，需要对光纤传感器进行预拉，本研究中将光纤传感器预拉至$1500\mu\varepsilon$，利用卡箍将光纤传感器沿着纵筋绑扎，如图5.3-10(a)所示。这种方法保证了铠装光纤在混凝土浇筑与振捣中处于绷直的状态且不易损坏，混凝土浇筑完成后的试验样品如图5.3-10(b)所示。

图5.3-9　试件设计模型图

(a)　　　　　　　　　　　(b)

图5.3-10　浇筑前后的混凝土试样
(a) 浇筑前的样品；(b) 浇筑后的样品

试验采用300t量程的液压加载系统进行测试，试验现场如图5.3-11所示，试验加载的方式为位移控制加载，每级位移为0.1mm，总共分5级加载至0.5mm。

图5.3-12所示为不同载荷水平下混凝土内部分布式光纤传感器的应变数据与光纤传感器长度的关系。由图中可以看出，随着荷载等级的增加，四条分布式光纤的应变同步增加，当位移$\Delta L=1$mm、2mm、3mm、4mm和5mm时，即混凝土试件的压缩量为0.1~0.5mm，而混凝土试件平均应变等于压缩量和试件全长的比值。已知试件全长为300mm，很容易地得到在压缩量为0.1~0.5mm的情况下，

试件平均应变分别为 $333\mu\varepsilon$、$666\mu\varepsilon$、$999\mu\varepsilon$、$1332\mu\varepsilon$、$1665\mu\varepsilon$。

本研究定义分布式光纤的应变传递率为试件的平均应变与分布式光纤测量的实际应变之比,则这五种荷载条件下四根纵筋分布式光纤的应变传递率如图 5.3-13 所示。纵筋 1 和 2 的应变传递效率保持一致,而纵筋 3 和 4 保持一致。纵筋 1、2 和纵筋 3、4 的位置分别位于试件的两侧,出现两侧纵筋分布式光纤应变传递效率不一致的原因为试件浇筑过程中纵筋位移发生偏转,导致试件加载过程中两侧纵筋受力不同。由本次试验的分布式光纤和混凝土试件相应的参数计算得出,该

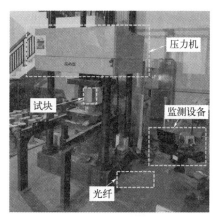

图 5.3-11 试验现场

分布式光纤嵌入混凝土试件的理论应变传递率为 81.8%,对比发现理论计算结果和试验实测结果保持一致,误差不超过 5%。研究发现,铠装光纤的应变传递率不会随着分布式光纤嵌入的结构所承受的荷载的增加而发生变化,因此,在混凝土结构变形不大的情况下,铠装光纤的误差可以满足试验精度要求。此外,在桩基的内力演化过程中,铠装光纤的变形量较小,不会出现显著的变形。因此,在桩身内部嵌入分布式铠装光纤以监测变形,可以使用建立的分布式光纤应变传递模型计算相应的应变传递率对实测数据予以修正。

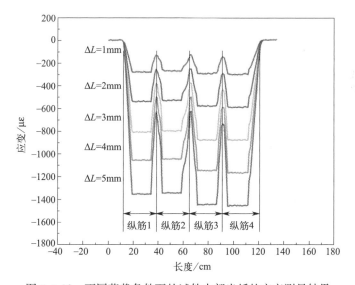

图 5.3-12 不同荷载条件下的试件内部光纤的应变测量结果

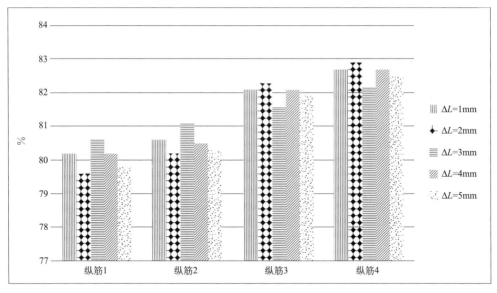

图 5.3-13 分布式光纤应变传递效率

5.4 基于分布式光纤的岩土体变形感知技术研究

有限差分法是由泰勒多项式导出的一种数学离散 x 方法，用于求解微分方程。利用该方法将连续梁分成若干个小单元，并假定相邻单元之间的间隔为 x，在距离值 x 和 $x-h$ 处，偏转梁的一阶导数有：

$$f'(x)=\frac{1}{h}[f(x+h)-f(x)] \tag{5-43}$$

$$f'(x-h)=\frac{1}{h}[f(x)-f(x-h)] \tag{5-44}$$

式中：f——一阶导数是相对于梁单元长度的挠度斜率。同理可得二阶导数：

$$\begin{aligned}f''&=\frac{1}{h}\left\{\frac{1}{h}[f(x+h)-f(x)]-\frac{1}{h}[f(x)-f(x-h)]\right\}\\&=\frac{1}{h^2}[f(x+h)-2f(x)+f(x-h)]\end{aligned} \tag{5-45}$$

式(5-45)显示了二阶导数与相关挠度之间的相关性。给定边界条件，例如已知梁在某些特定位置的挠度，则可以计算其他位置的梁挠度。图 5.4-1 为由外部加载引起的梁挠度的示意图，图中变量存在以下关系：

$$k=\frac{M}{EI}=f'' \tag{5-46}$$

由于梁变形较小，可以得到挠度曲线的近似梯度。

因此，梯度和发生的应变遵循以下关系：

$$\frac{M}{EI}\frac{D}{2}=\frac{\varepsilon_{ai}-\varepsilon_{bi}}{2} \quad (5-47)$$

式中：D——梁的厚度；
$\quad\quad E$——梁的弹性模量；
$\quad\quad I$——梁的惯性矩；
$\quad\quad \varepsilon_{ai}$——上梁表面发生的应变；
$\quad\quad \varepsilon_{bi}$——下梁表面发生的应变（图5.4-1）。

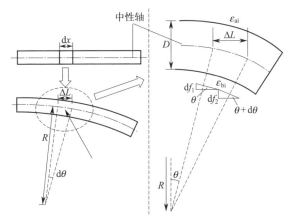

图 5.4-1　梁单元挠度计算示意图

将式（5-46）和式（5-47）代入式（5-45）得出：

$$\frac{1}{h^2}[f(x+2h)-2f(x+h)+f(x)]=\frac{\varepsilon_{ai}-\varepsilon_{bi}}{D} \quad (5-48)$$

考虑到边界条件和相关的应变分布，可以直接计算安装在沉降传感器上的特定光束位置的挠度。

为了研究不同加载水平下光纤传感器沉降光束的应变分布，对设计的沉降梁进行了加载试验，这种梁可用于地基或路面以下的沉降监测。图5.4-2所示为沉降梁上两种传感器安装方案示意图，该装置主要由在两个梁端承受加载的简支梁和安装在梁上下预处理沟槽上的光纤传感器组成，用于应变测量。这种梁为空心圆柱体，

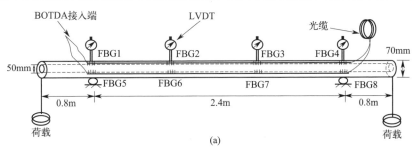

(a)

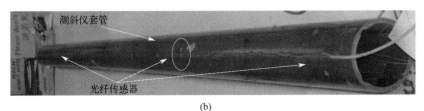

(b)

图 5.4-2　土体位移监测管
（a）位移标定方案；（b）室内传感器安装图

其内径、外径和长度分别为 50mm、70mm 和 4m，分别安装了 4 个间隔 0.8m 的光纤光栅传感器和 4 段 BOTDA 传感器，用于测量点应变和平均应变。值得注意的是，BOTDA 传感器的四个节段在附加于梁表面的预浇筑槽后，施加预应力使之产生 4000με 左右的拉伸应变，以实现传感器可同时感知拉伸和压缩应变，在安装光纤传感器的位置上同时安装了 LVDT 位移计，用于对比分析位移幅值。

为了模拟发生的沉降或水平变形，在梁的两端逐级施加垂直荷载，每一步的加载增量为 9.8N。经过 5 个加载步骤，最终荷载接近 49.2N。然后逐步释放施加的荷载，每一步释放的荷载为 9.8N，注意梁在加载与卸载后处于纯弯曲状态（因为施加的两端载荷相等）。每次加载和卸载完成后，采集光纤传感器的应变数据。

图 5.4-3 总结了四个光纤光栅应变传感器（附加在上光束表面）平均波长随时间的变化。从图中可看出，5 个加载（卸载）过程的所有波长数据都在逐步增加（减少），所有的光纤波长数据均十分稳定。

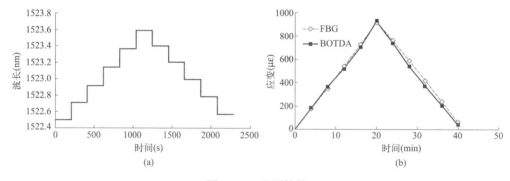

图 5.4-3　监测结果

(a) 四个光纤光栅应变传感器的平均波长随时间的变化；(b) FBG 和 BOTDA 传感器测量的应变变化比较

5.5　本章小结

（1）研究建立了两种分布式光纤传感器与被测基体材料的界面接触机理模型，系统分析了不同界面力学性能与尺寸参数对光纤传感器应变传递效应的影响规律，通过试验验证了理论计算的界面传递系数，为分布式光纤传感器准确获取岩土体与结构的应变场奠定了基础；

（2）建立了基于分布式光纤的岩土体位移有限差分计算模型，融合理论与试验推导了分布式光纤传感器测量空间连续变形的解析解，通过对比试验分析了分布式光纤感知变形的准确性。

第 6 章
直立型石墨烯的高效多源感知元件与监测装备

6.1 引言

随着改革开放和"十四五"规划的落地与发展,中国已经成为全球最大的基建市场,基建工程在蓬勃发展的同时,不可避免地遇到了许多挑战,例如,不良软土地层引起超高层建筑基础沉降变形问题;城市轨道交通盾构隧道错台问题;大跨度桥梁施工过程关键截面破坏问题等。想要解决这些问题,需要对基础设施工程勘察、建设、运维全生命周期进行监测与控制,这极大地促进了传感器行业的发展。传感器将测量到的物理信息进行传输、处理、存储和控制,在基础设施结构健康监测领域有着广泛的应用,一般传感器监测的物理量包括角度、压力、振动、应变、位移等。其中应变作为基础设施监测的主要控制参数,其物理量的获取为解决结构安全评估、土体运动趋势预测等工程问题提供了可靠的信息。

目前,基础设施结构应变监测主要依靠传统测量仪器,但是传统岩土测试仪器往往是以金属、半导体作为敏感元件,存在量程小、灵敏度低、硬度大、布线复杂、易受潮、耐久性差、成活率低、监测实时性和自动化程度低等缺点,不能满足大型工程结构智能化监测的需求。另外,一些新型应变传感技术,如光纤传感技术、非接触视觉传感技术等,其信号解调设备昂贵、安装要求过高,限制了其在基础设施健康监测领域的广泛使用。近年来,凭借着重量轻、体积小、灵活性高等优点,柔性应变传感器成为最受关注的应变传感器之一。柔性应变传感器具有高延展性,且能够完美地粘贴在被测结构物表面实现协同变形,是基础设施结构应变监测的理想材料。

一般来说,柔性应变传感器由柔性衬底材料和敏感元件组成。常见的敏感元件包括碳纳米管、碳纳米纤维、纳米线、石墨烯以及它们的复合物。其中,石墨烯是一种由 sp^2 杂化碳原子紧密堆积成的蜂窝状碳纳米材料,自 2004 年首次被科学家利用透明胶带制备完成以来，凭借着优异的力学性能与稳定性，石墨烯材料逐渐应用到柔性应变传感器中，并成为研究热点。不过，由于其结构稳定，在应变作用下带隙开度较小，因此由完美晶格石墨烯制备的应变传感器灵敏度较低，灵敏系数与金属相当，不利于对微小应变的感知，因此许多研究通过改变石墨烯的结构来提高传感器的灵敏度。直立型石墨烯（Vertical Graphene，VG）是近20年来兴起的一种在平面石墨烯上垂直生长碳纳米片的三维石墨烯材料，与传统平面石墨烯相比，VG具有更大的比表面积和导电特性，更适合作为柔性应变传感器的传感元件。除此之外，它还是一种多元感知材料，可检测的物理参数主要包括振动、应变、压力等，化学参数包括湿度、气体等。尽管对于直立型石墨烯应变传感器的研究已经开展数年，但目前还存在几方面问题亟待解决：

（1）直立型石墨烯传感器一般通过胶粘的方式与被测体连接，被测体产生的应变首先传递给胶体，再通过胶体传递给传感器本体，胶体的存在会对传感器的应变传递效能产生影响，而现有的研究主要关注传感器的结构设计，极少考虑胶体对测量精度的影响。

（2）在直立型石墨烯的感知机理方面，研究者根据实验现象提出了不同的传感器模型，关于传感器在应变下变化特性的统一模型还需要进一步研究探索。

（3）由直立型石墨烯制备的传感器在量程和灵敏度上呈现相互制衡的关系，关于如何提高传感器的性能还需要更加深入地研究。

目前，直立型石墨烯应变传感器的研究主要集中在柔性可穿戴设备等领域，在地下工程结构变形监测领域尚无研究先例。如果能够将直立型石墨烯应变传感器应用于基础设施结构监测，并结合无线传感技术，有望解决现阶段基础设施结构监测领域应变传感器精度不高、布设困难、信号传输不及时等实际工程问题，实现设计、施工、运维全寿命周期的智能监测与泛在感知，最终实现基础设施工程的安全保障与可持续发展。

6.2 直立型石墨烯界面应变传递机理

6.2.1 应变传递理论

应变传感器通过表面粘贴的方法固定于被测基体表面，传感器与基体层之间通过胶结层粘连。如图6.2-1所示，在各种荷载的共同作用下，基体层发生轴向形变，而后带动传感器发生轴向拉伸。本节将对基体层的应变与传感层的应变之间的传递效果进行分析，并做出如下几点假设：

（1）材料均为线弹性，仅考虑传感器沿轴线方向的变形。

（2）传感层与基体层之间通过胶结层紧密粘连，胶结面无相对位移。

（3）胶结层中剪应力随厚度的增加呈线性变化。

（4）直立型石墨烯应变传感器由柔性基底和直立型石墨烯两部分组成，当柔性基底高度远大于直立型石墨烯部分时，假设两者为统一整体，不考虑直立型石墨烯部分刚度对整体刚度的影响。

在图 6.2-1 中取传感层上的任意一个微元 dx，各层的应变传递见图 6.2-2。传感层、胶结层、基体层分别用 s、a、m 表示；胶结长度为 2L、宽度为 D；传感层、胶结层、基体层的厚度分别为 h_s、h_a、h_m。

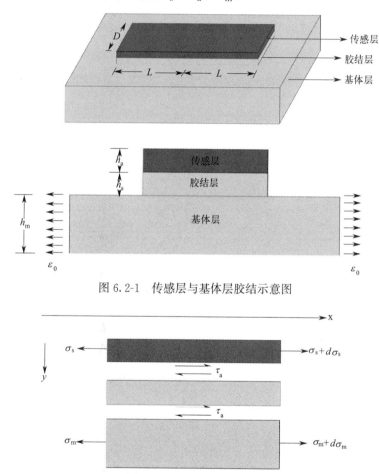

图 6.2-1　传感层与基体层胶结示意图

图 6.2-2　应变传递示意图

其推导过程参考第 5.1.2 节，此处不再赘述，应变传递系数主要影响因素有传感层厚度、弹性模量、剪切模量，胶结层厚度、剪切模量，基体层厚度、弹性模量、剪切模量以及传感器的胶结长度。

6.2.2　界面模型验证

为了进一步验证应变传递理论的可靠性，将计算的理论值与参考文献中推导的应变传递率进行对比分析，参考文献中详细参数取值见表 6.2-1。

图 6.2-3 为传感器应变分布图，从图中可以看出，计算点越靠近传感器中间位置，应变传递系数越大，代表 $x=0$ 处应变传递最充分。因此，在实际应用中，应该将直立型石墨烯尽可能地放置于传感器中心位置，以保证应变的有效传递。另外，从参考文献对比结果来看，本模型与参考文献［1］的吻合度较高，最大误差在 2% 左右，但与参考文献［2］的吻合度存在些许差异，最大误差在 5% 左右，这是因为在推导应变传递公式时对模型进行了不同简化处理。

参考文献材料参数取值　　　　表 6.2-1

材料参数	符号	数值
传感层弹性模量/MPa	E_s	170000
胶结层弹性模量/MPa	E_a	3300
基体层弹性模量/MPa	E_m	170000
传感层厚度/mm	h_s	0.4
胶结层厚度/mm	h_a	0.1
基体层厚度/mm	h_m	5
传感层泊松比	ν_s	0.28
胶结层泊松比	ν_a	0.2
基体层泊松比	ν_m	0.2
传感器的胶结长度/mm	$2L$	50

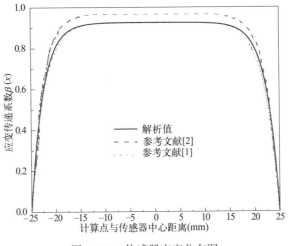

图 6.2-3　传感器应变分布图

6.2.3　参数研究

本节主要讨论各个参数的变化对应变传递系数的影响，主要包括传感层弹性模量、厚度、泊松比，胶结层弹性模量、厚度、泊松比，基体层弹性模量、厚度、泊松比以及传感器的胶结长度。计算应变传递系数所用参数的取值范围详见表 6.2-2，本节所得结论仅适用于该取值范围。此外，本节假设胶结层两端自由变形，两端应变传递系数为0。

参数研究数据　　　　　　　　　　表 6.2-2

研究参数	取值范围	代表值
传感层弹性模量 E_s/MPa	1～200000	3
胶结层弹性模量 E_a/MPa	1～10000	3300
基体层弹性模量 E_m/MPa	1000～300000	30000
传感层厚度 h_s/mm	0.1～1	0.15
胶结层厚度 h_a/mm	0.01～2	0.05
基体层厚度 h_m/mm	0.1～10	5
传感层泊松比 ν_s	0.01～0.5	0.47
胶结层泊松比 ν_a	0.01～0.5	0.31
基体层泊松比 ν_m	0.01～0.5	0.47
传感器的胶结长度 $2L$/mm	10～100	60

图 6.2-4 为胶结长度为 20mm、50mm、100mm 时，应变传递系数随各层弹性模

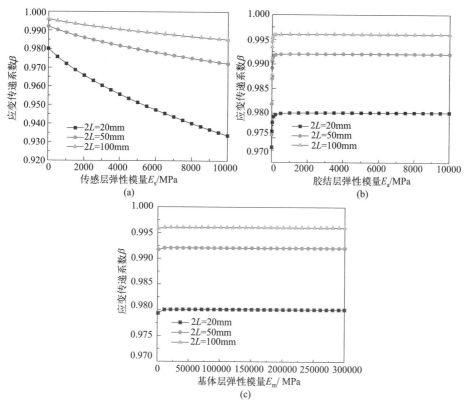

图 6.2-4 应变传递系数随各层弹性模量变化关系
(a) 应变传递系数与传感层弹性模量关系；(b) 应变传递系数与胶结层弹性模量关系；
(c) 应变传递系数与基体层弹性模量关系

量变化曲线，从图中可以看出，各层弹性模量的变化对应变传递系数均有影响，其中传感层弹性模量对应变传递系数的影响最为显著。传感层弹性模量越大，应变传递系数越小，当粘贴长度为100mm时，应变传递系数下降了约0.02。与之相反，随着胶结层和基体层弹性模量的增大，应变传递系数不断增大，当胶结层弹性模量和基体层弹性模量分别在1~100MPa和1000~5000MPa范围内时，应变传递系数迅速增大，随后，随着其弹性模量的增大，这种增长趋势逐渐趋于平稳。这是由于聚二甲基硅氧烷材料的变形能力很强，基体产生的应变能够完全传递到直立型石墨烯传感器上。

图6.2-5为胶结长度为20mm、50mm、100mm时，应变传递系数随各层厚度变化曲线。从图中可以看出，应变传递系数对传感层厚度的变化更为敏感，随着传感层厚度的增加，应变传递系数不断减小，即胶结剂涂刷的厚度越小，越有利于应变传递，当粘结长度为100mm时，应变传递系数下降了约9%。而胶结层厚度和基体层厚度对应变传感系数的变化几乎没有影响，无论两者厚度如何变化，应变传递系数始终大于0.98。

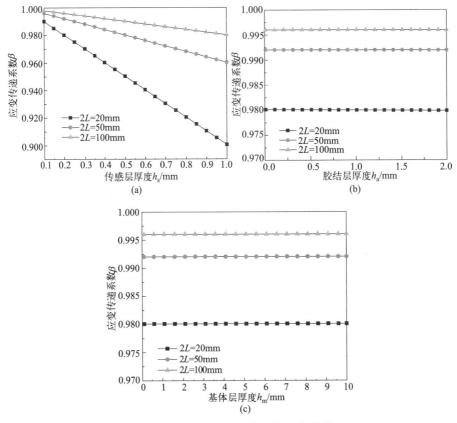

图6.2-5 应变传递系数随各层厚度变化关系
（a）传感层；（b）胶结层；（c）基体层

图 6.2-6 为胶结长度为 20mm、50mm、100mm 时，应变传递系数随各层泊松比变化曲线。从图中可以看出，随着传感层泊松比的增大，应变传递系数不断减小，当胶结长度为 100mm 时，应变传递系数仅下降了约 0.005，而且由于传感层材料的泊松比变化范围不大，所以在实际应用中可以忽略传感层泊松比的影响。而胶结层和基体层泊松比的增大对应变传递系数影响不大，无论两者泊松比如何变化，应变传递系数始终大于 0.98。

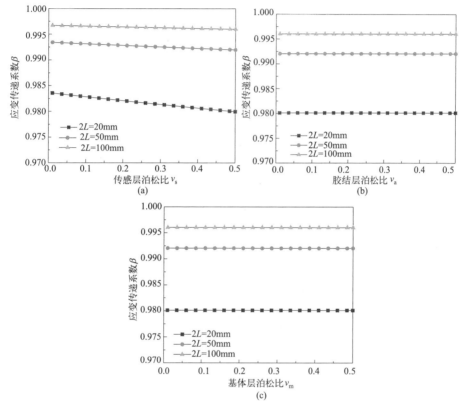

图 6.2-6 应变传递系数随各层泊松比变化关系
(a) 传感层；(b) 胶结层；(c) 基体层

图 6.2-7 为应变传递系数随胶结长度变化曲线，从图中可以看出，随着胶结长度的增加，应变传递系数逐渐增大，当胶结长度由 10mm 增大到 100mm 时，应变传递系数增大约 2.5%，最大值达到了 0.99 左右。因此适当增加传感器的胶结长度可提高传感器的测量精度。

总的来说，应变传递系数随传感层弹性模量、厚度、泊松比的增大而减小，随胶结层和基体层弹性模量、胶结长度的增大而增大，不随胶结层、基体层厚度和泊松比变化而变化。

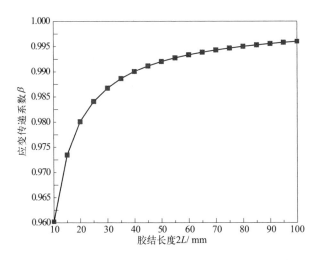

图 6.2-7　应变传递系数随胶结长度变化关系

6.3　直立型石墨烯微观结构表征与传感机理

6.3.1　试验部分

本试验制备过程所使用的试剂如表 6.3-1 所示。

制备过程所用试剂表　　　　　　　　表 6.3-1

试剂名称	型号	生产厂家
单晶硅片	P111/100	东莞市森烁科技有限公司
硅橡胶基底	Sylgard 184	Dow Corning
硅橡胶固化剂	Sylgard 184	Dow Corning
导电银浆	3703	深圳市鑫威电子材料有限公司

本试验制备过程所使用的仪器设备如表 6.3-2 所示。

制备过程所用仪器设备表　　　　　　表 6.3-2

仪器名称	型号	生产厂家
电子天平	UTP-313	上海花潮电器有限公司
真空干燥箱	DZF-6020	合肥科晶材料技术有限公司
匀胶-旋涂机	CH-12A	济南初创机电设备有限公司
超声波清洗机	CJ-100S-2	深圳市华策科技有限公司
激光雕刻机	无	Arestech
万能拉力试验机	DBCCA-10KN	德卡精密量仪(深圳)有限公司
拉曼光谱仪	HR800	Horiba LabRAM

6.3.2 直立型石墨烯材料简介

关于直立型石墨烯材料的最早报道可以追溯到1997年，当时日本科学家安藤在制作碳纳米管的过程中发现了一种花瓣状的"碳玫瑰"。它主要由垂直生长在沉积衬底上的含石墨烯的少层碳纳米片组成，独立的三维网络结构、超薄边缘和非堆叠形态是VG区别于其他形式石墨烯材料的独特特征。石墨烯目前有许多名称，如垂直石墨烯碳纳米片、碳纳米片、碳纳米壁、垂直排列石墨烯纳米片阵列等，都用来代指这类材料。

图6.3-1展示了直立型石墨烯的典型结构。从图中可以看出，直立型石墨烯主要由三部分构成：平面石墨烯层、碳纳米片和大量尖锐、暴露的边缘。平面石墨烯层一般由多层二维平面石墨烯构成，由于平面石墨烯层的存在，VG具有二维平面石墨烯材料的许多基本特性，例如高导电性、导热性、稳定性等，此外，近期研究表明平面石墨烯层对VG电极的柔韧性和可拉伸性起着十分重要的作用。碳纳米片垂直于平面石墨烯层，生长高度通常在几百纳米到几十微米之间，厚度可以达到几纳米，其形状复杂多变，可以是笔直的、弯曲的、折叠的和波浪状的。与二维平面石墨烯相比，这种新颖的三维结构使VG具有较大的表面体积比（约$1000m^2/g$）、较高的机械强度、灵敏度和极其稳定的化学性质。此外，暴露边缘上的原子具有特殊的化学特性，能够作为吸附功能材料和掺杂物的场所，提高VG的化学与电化学活性。

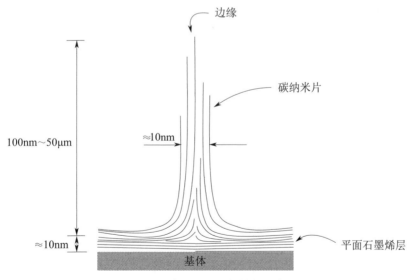

图 6.3-1 直立型石墨烯结构示意图

6.3.3 直立型石墨烯制备

直立型石墨烯的可控制备是基础研究和应用开发的关键。一般来说，直立型石墨烯通过"自下而上"的方法制备，主要包括通过前驱体（一般是CH_4和H_2）的高温脱氧，在基体上形成大面积连续直立型石墨烯薄膜。迄今为止，直立型石墨烯的制备方法包括等离子体增强化学气相沉积法（PECVD）、磁控溅射法、热化学气相沉积法（TCVD）和热丝化学气相沉积法（TWCVD）。其中，凭借着良好的纳米结构可控性与较低的基板温度等，等离子体增强化学气相沉积法成为目前最常用的直立型石墨烯制备方法。通过等离子体增强化学气相沉积法，可以很容易地生产非常致密的碳纳米片，生长出来的碳纳米片垂直于衬底表面，具备很大的表面积和特殊的空间形貌，同时保留了平面石墨烯层。使用等离子增强化学气相沉积法制备直立型石墨烯的设备如图 6.3-2 所示。

图 6.3-2　直立型石墨烯制备设备实物图

其生长过程如图 6.3-3 所示，主要分为三个阶段：

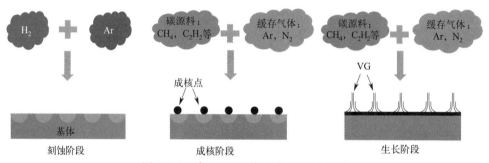

图 6.3-3　直立型石墨烯生长过程示意图

（1）刻蚀阶段。此阶段常用氢气与氩气结合，维持装置处于低压状态，并对基底进行离子体刻蚀反应。

（2）成核阶段。此阶段通常采用甲烷等气体作为碳原料（或碳源），与缓存气体结合，在基底表面沉积形成平面石墨烯层，平面石墨烯层中存在的缺陷作为直立石墨烯的成核点。

（3）生长阶段。此阶段大量的碳原料在成核点处沉积生长为垂直于衬底表面的碳纳米片，最终得到生长在衬底上的直立型石墨烯。

具体来说，制备过程包括三个步骤：

第一步，将大小为 8in 的单晶硅片放入等离子体化学气相沉积装置的真空腔中，1∶1 通入还原性气体氢气和氩气，通过流量调节维持装置内的低压状态，使真空度稳定在 15Pa，对基底进行等离子体刻蚀反应，反应时间为 10min，等离子设备功率密度为 $10W/cm^2$；

第二步，刻蚀反应结束后通入氩气，以 20℃/min 的升温速率加热至 700℃，升温后 1∶1 通入氢气和甲烷，通过流量调节维持装置内的低压状态，保持真空度为 15Pa；

第三步，进行等离子体化学气相沉积反应，反应时间为 15min，等离子设备提供的功率密度为 $10W/cm^2$，反应结束后待设备温度降至室温，即获得生长了直立型石墨烯的单晶硅片。

最终制备的直立型石墨烯如图 6.3-4 所示。

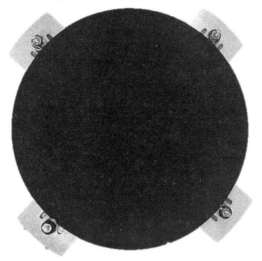

图 6.3-4 生长在单晶硅片上的直立型石墨烯

6.3.4 直立型石墨烯形貌与结构表征

（1）直立型石墨烯微观结构

为了更直观地研究直立型石墨烯的微观形貌，使用扫描电子显微镜（SEM），得到了生长在硅晶片上的直立型石墨烯样品的表面及截面形貌图，如图 6.3-5 所示。

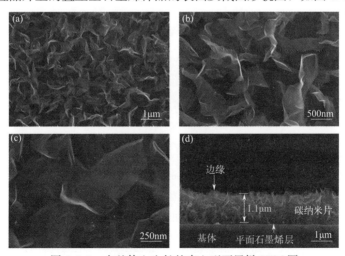

图 6.3-5 在基体上生长的直立型石墨烯 SEM 图

从图中可以看出，直立型石墨烯的厚度约为 $1.1\mu m$，主要包括三个组成部分：平面石墨烯层、碳纳米片以及碳纳米片边缘。平面石墨烯层的厚度一般为 50nm。碳纳米片为高度 $1\mu m$、厚度为 5~8nm 的分枝花瓣状垂直结构，这种开放式结构有利于聚合物（如 PDMS）的注入，从而使其成为制造可拉伸应变传感器的极佳候选材料。

（2）拉曼光谱分析

拉曼光谱是一种基于光和材料之间的相互作用而产生的无损分析技术，可以反映的信息包括样品化学结构、相和形态等，是石墨烯材料表征研究中最为常见及有效的技术手段。

通过对拉曼光谱的分析，能够反映石墨烯层数、结晶性等信息。本书采用拉曼光谱对制备的直立型石墨烯硅片进行拉曼光谱检测，环境温度为 23.9℃，60%RH，激发波长为 532nm，光栅为 600 刻线，物镜为 50 倍，积分时间为 15s，积累次数为 3 次。图 6.3-6 展示了直立型石墨烯硅片的拉曼光谱。从图中可以看到，直立型石墨烯主要有三个特征峰，分别是 D 峰（$1349cm^{-1}$）、G 峰（$1580cm^{-1}$）、$2D'$ 峰（$2678cm^{-1}$），其中 G 峰为典型的石墨烯峰，D 峰表示直立型石墨烯存在缺陷，D 峰与 G 峰的强度比（ID/IG）约为 2.13，该值越大，缺陷间距越小，纳米片的结晶度越低。

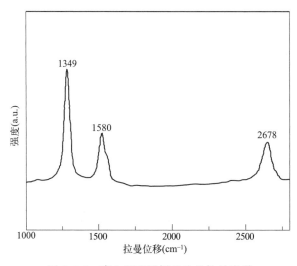

图 6.3-6 直立型石墨烯硅片的拉曼光谱

（3）VG/PDMS 电极的制备

采用 PECVD 方法制备的直立型石墨烯，与基底紧密结合，且直立型石墨烯相对脆弱，通常很难在不改变其形态和性质的情况下将其从基底上转移。为了解决这一问题，本研究过程向生长直立型石墨烯的基底上注入 PDMS，然后在固化后采用超声剥离法将其从基板上剥离，从而得到直立型石墨烯电极。相较于传统的剥离方法，比如化学腐蚀剥离法与机械剥离法，只能形成低密度的锯齿状裂纹，而通过超声波剥离法，能在转移过程中产生完整的直立型石墨烯薄膜。当直立型石墨烯薄膜衬底浸入超声波浴中时，由于直立型石墨烯薄膜底部的石墨基层与衬底之间的黏附力相对较弱，利用空化泡破裂释放的能量可以很容易地将其从衬底剥离。同时，在没有水介质的情况下，不能发生空化气泡的形成与破裂，所以直立型石墨烯薄膜的剥落过程是由外向内逐片剥落的，同时会在直立型石墨烯薄膜上留下了大量的沿纵向、横向、倾斜等不同方向的高密度裂纹，有利于导电网络平衡状态的形成，使传感器在应变循环下更加稳定。整个制备过程如图 6.3-7 所示，主要包括以下四个步骤：

1）将 PDMS 纯溶液与固化剂以 10∶1 的重量比混合并充分搅拌；

2）将充分搅拌后的 PDMS 溶液均匀倒在单晶硅片上，使用离心机旋转 30s，转速设置为 500rpm，这一步有利于混合物充分渗透到直立型石墨烯中；

3）将涂覆好 PDMS 溶液的 VG 单晶硅片放置在烘箱中，在 100℃下固化 1h，然后使用超声波剥离法将 VG/PDMS 薄膜从单晶硅片上剥离；

4）使用激光雕刻机将 VG/PDMS 薄膜切割成 10mm×40mm 的薄片，再通过导电银浆将两个电触点连接在 VG 的两端，待银浆完全干燥后，涂覆一层硅橡胶，以防电极松动。最终制备的 VG 传感器，如图 6.3-7 所示。

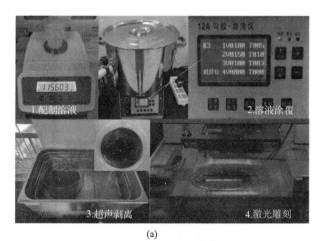

(a)

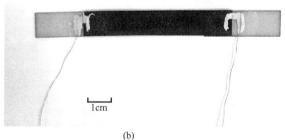

(b)

图 6.3-7 VG/PDMS 电极制作
(a) 制作流程图；(b) 直立型石墨烯应变传感器实物图

6.3.5 传感机理研究

由于材料类型、微纳米结构和制造工艺的不同，柔性应变传感器之间具有不同的传感机理。对于直立型石墨烯应变传感器来说，它属于压阻传感器，可以将材料所受的力或变形转换成电阻信号。对于一条长度为 L_0、截面面积为 A、电阻率为 ρ 的平行六面体直立型石墨烯应变传感器，其电阻 R 为：

$$R = \rho \frac{L_0}{A} \tag{6-1}$$

当传感器在外界刺激作用下发生形变时，考虑传感器在发生纵向形变的同时也将发生横向形变，则相对电阻变化表示为：

$$\frac{\Delta R}{R_0} = (1+2\nu)\varepsilon + \frac{\Delta \rho}{\rho_0} \tag{6-2}$$

式中：ΔR——电阻变化；

R_0——起始电阻；

ν——泊松比；

$\Delta \rho$——电阻率变化；

ρ_0——传感器的起始电阻率。

式中第一项为纯几何因子，对电阻变化的影响不大；第二项为电阻率因子，对电阻变化的影响较大。传感器可以将整个直立型石墨烯连接起来形成导电网络，电阻率的变化就是其内部导电网络的变化引起的，当传感器受到拉伸时，直立型石墨烯产生裂纹，其内部的导电网络随之发生变化，从而导致电阻的增加。具体来说，柔性基体直立型石墨烯应变传感器的传感机理是石墨烯薄片的滑动、裂纹扩展、隧穿效应和碳纳米片接触变化的共同作用，同时又可分为平面石墨烯和垂直于平面石墨烯的碳纳米片两部分的贡献。

当应变很小时，嵌入柔性基体的石墨烯薄片会随着柔性基体移动，而未嵌入柔性基体的石墨烯薄片会发生协同变形，从而导致薄片内部的相对滑动，这种相对滑动改变了石墨烯薄片的电阻率，从而触发了整个导电网络的电阻变化，不过这一现象引起的电阻率变化较小，所以这一阶段电阻变化较小。当应变增大到一定程度时，会在平面石墨烯层中产生大量的高密度裂纹，从而导致电流通路减少，电流路径变长，电阻增大。随着应变的继续增大，微裂缝进一步扩张，裂纹区域上方的碳纳米片会黏附在柔性基体表面并相互接触形成导电通路，碳纳米片之间的相互接触一定程度上限制了裂纹的开口距离，是传感器能够在高应变条件下继续工作的原因。最后，当石墨烯薄膜恢复到初始状态时，所有裂纹都消失了，其电阻也降低到初始值。

为了更好地理解直立型石墨烯应变传感器的整个传感机理，将电阻变化分为两部分，分别分配给平面石墨烯和碳纳米片，图 6.3-8 右侧给出了对应的等效电阻，等效电阻 R 可表示为：

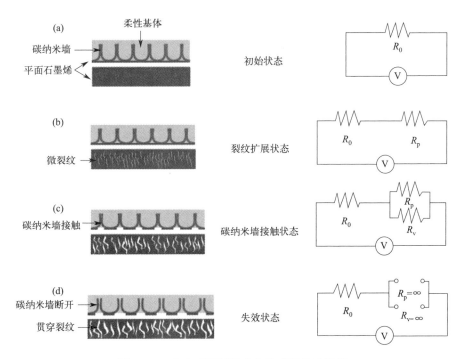

图 6.3-8　直立型石墨烯应变传感器传感机理

$$R = R_0 + \frac{R_p R_v}{R_p + R_v} \tag{6-3}$$

式中：R_0——传感器的初始电阻；

R_p——平面石墨烯层因裂纹扩展增加的电阻；

R_v——碳纳米片之间因相互接触增加的电阻。

在裂纹产生之前，薄片内部的相对滑动引起传感器初始电阻的变化。在裂纹产生后，传感器的电阻由初始电阻和因裂纹扩展增加的电阻两部分组成，而后裂纹继续增大，又加入了碳纳米片之间的接触电阻。当碳纳米片之间的间距超过 3nm 时，因碳纳米片相互接触增加的电阻变为无限大，传感性能仅依赖于平面石墨烯层，直到石墨烯薄片内部产生贯穿裂纹，整个电路的电阻变为无限大，导致传感器性能失调。

6.4　直立型石墨烯应变传感器感知特性

6.4.1　老化处理

为了提升直立型石墨烯应变传感器在使用过程中对于各种环境的承受程度及稳定性，本节设定特定的条件进行模拟加速老化测试，主要分为高温退火和拉伸疲劳。

首先,对采用所述方法制备的原始直立型石墨烯应变传感器进行高温退火,将传感器样品放置在真空干燥箱中在150℃下烘烤8h。然后,取出放置在室温环境中缓慢冷却。最后,将高温退火前后的传感器样品与万能试验机连接,进行阶梯加载试验,每级加载应变为0.5%,每级保持时间为60s,重复试验3次,试验结果如图6.4-1所示。

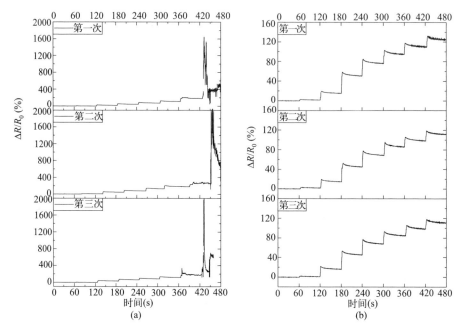

图6.4-1 高温退火前后传感器相对电阻变化率-时间响应
(a) 高温退火前;(b) 高温退火后

从图6.4-1中可以看出,高温退火前传感器应变加载到3%时,相对电阻变化率出现较大波动,数据出现跳跃现象;当荷载继续增大,应变达到3.5%时,相对电阻变化率急剧变化,数据结果失真,稳定性完全丧失,传感器已经失效。高温退火后传感器在0~3.5%应变范围内,相对电阻变化率随着应变的增加逐渐增大,稳定性大大提升。因此,高温退火对提高传感器的稳定性尤其重要。这是因为直立型石墨烯是通过PECVD法在单晶硅片上合成的,在将直立型石墨烯从单晶硅片转移到PDMS基体的过程中会有残留的聚合物颗粒污染直立型石墨烯表面,通过高温退火处理可以去除直立型石墨烯表面的聚合物污染物。

随后对高温退火处理后的直立型石墨烯应变传感器进行拉伸疲劳处理,将传感器样品与拉伸疲劳试验机连接,设置拉伸速度为10mm/s,拉伸比为25%,拉伸时间为72h,试验结果如图6.4-2所示。

从图6.4-2中可以看出,随着拉伸疲劳荷载的施加,相对电阻变化率R/R_0的最大值连续向下漂移,在最初的60s内,R/R_0最大值漂移量为25%,此时直

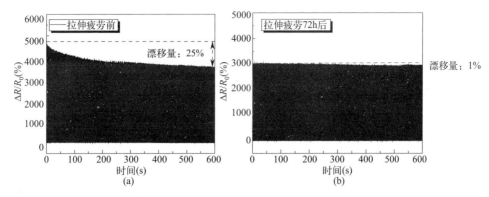

图 6.4-2 拉伸疲劳前后传感器相对电阻变化率-时间响应
(a) 拉伸疲劳前；(b) 拉伸疲劳 72h 后

立型石墨烯的导电网络处于不平衡状态，裂缝发展具有随机性。随着拉伸次数的增加，漂移量不断减小，当试验进行到 72h 时，R/R_0 最大值漂移量仅为 1%，说明传感器逐渐稳定。这可能是由于聚合物的黏弹性性质和导电纳米材料的重排，导致新的导电网络开始构建，并在拉伸疲劳过程中达到平衡状态，这种平衡状态可能改善了导电网络的连通性，因此电阻在拉伸周期内逐渐降低。由此可知拉伸疲劳对传感器的稳定性同样重要，否则初始加载过程可能会出现非典型的异常响应。

综上所述，老化试验极大地增强了直立型石墨烯应变传感器的稳定性，是传感器制备应用过程中必不可少的步骤。

6.4.2 传感器大应变性能分析研究

为了测试按照第 6.3 节所述制备方法制作的直立型石墨烯应变传感器在大应变条件下的传感性能，本节搭建了如图 6.4-3 所示的应变-电阻测试平台。试验设备包括万能试验机（型号：DBCCA-10KN，德卡精密量仪（深圳）有限公司）和电阻采集仪（型号：01RC，杭州领挚科技有限公司）。测试指标包括拉伸极限、灵敏度、线性度、迟滞性、过冲行为和重复性。

（1）拉伸极限

能被传感器转换的激励的动态范围称为量程，它代表施加在传感器上，且不会使得传感器误差超过最大可接受范围的最大可能的输入

图 6.4-3 应变-电阻测试平台

值。将传感器两端通过夹具连接到万能试验机，确保两者之间无相对滑移，然后调节夹具之间的距离，使传感器保持原长。对传感器施加单向拉伸应力，最大拉伸比设置为25%，拉伸速率设置为0.02mm/s。最终结果如图6.4-4所示。

由图6.4-4可知，传感器在应变小于20%的情况下具有良好的稳定性，电阻变化率$\Delta R/R_0$随着应变的增加而增大，相对电阻变化率从0上升至4000%。当传感器应变大于20%时，$\Delta R/R_0$的值开始出现跳变现象，稳定性大大降低，这可能是因为在高应变时直立型石墨烯形成了新的裂纹或一些完全断裂的裂纹。因此，可以得出该传感器的拉伸极限。

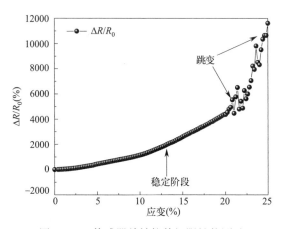

图6.4-4　传感器单轴拉伸极限性能测试

（2）灵敏度

在应变传感器中，应变敏感性是影响传感性能的重要因素之一，常用灵敏系数GF进行评估。GF由$\Delta R/R_0$与应变曲线的斜率决定，可表示为：

$$GF = \frac{\Delta R/R_0}{\varepsilon} \tag{6-4}$$

式中：R_0——原始状态下的传感器电阻；
　　　ΔR——拉伸后的电阻变化量；
　　　ε——传感器产生的应变。

为探究传感器的灵敏度，将制备的直立型石墨烯应变传感器通过夹具夹持在万能试验机上，将材料由初始状态逐渐拉伸至原长的120%，拉伸速率设置为0.02mm/s，记录试验过程中电阻的变化。0~20%应变范围内，传感器应变和相对电阻变化率的关系如图6.4-5所示。

可以看出，在整个应变测试范围内，相对电阻变化率$\Delta R/R_0$随着应变的增加而增大。具体来说，传感器在1%应变下电阻相对变化不大，超过1%应变后，传感器电阻急剧增大。根据式(6-4)可得，传感器对变形具有较高的灵敏度，2%应变下电阻变化160倍，灵敏系数约为80；5%应变下电阻变化约550倍，灵敏系数

第6章 直立型石墨烯的高效多源感知元件与监测装备

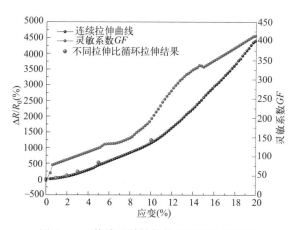

图 6.4-5 传感器单轴拉伸灵敏度性能测试

增大到110；20%应变下电阻变化约4400倍，灵敏系数达到410。

（3）线性度

线性度代表了实际传递函数与逼近直线之间的偏差程度。为了探究传感器的线性度，对单轴拉伸试验中得到的相对电阻变化率-应变曲线进行分析，结果如图6.4-6所示。

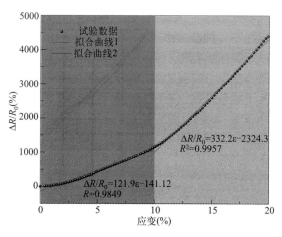

图 6.4-6 传感器单轴拉伸线性度性能测试

可以看出，传感器在整个应变范围内的相对电阻变化率呈现两段线性变化。在 0～10% 应变范围内，相对电阻变化率与应变的拟合方程为：

$$\Delta R/R_0 = 121.9\varepsilon - 141.1, R^2 = 0.9849 \tag{6-5}$$

在 10%～20% 应变范围内，相对电阻变化率与应变的拟合方程为：

$$\Delta R/R_0 = 332.2\varepsilon - 2324.3, R^2 = 0.9957 \tag{6-6}$$

从拟合方程可以看出，直立型石墨烯应变传感器在 0～20% 的应变范围内具有较高的线性度。

(4)迟滞性

迟滞性是指在输入信号的给定点处,传感器从反方向逼近使输出与正向输出相比偏移的程度。为探究传感器的迟滞性,按照同样的方法将直立型石墨烯应变传感器固定在万能试验机上,对其施加恒定拉力,使其由初始状态逐渐拉伸至原长的110%,然后在同样的速率(1mm/s)卸载,将传感器恢复至初始状态,记录拉伸和恢复过程中直立型石墨烯相对电阻的变化来研究应变传感器的迟滞行为。试验结果如图6.4-7所示。

可以看出,在整个卸载过程中,相对电阻变化率未与加载过程重合,传感器呈现出一定的滞后性。具体来看,加卸载过程中的相对电阻变化率差值呈现出先缩小再扩大后缩小的趋势。在卸载初期,传感器的相对电阻变化率与加载后期的相对电阻变化率基本重合,此时传感器的迟滞性较小;当卸载到5%时,传感器的相对电阻变化率与加载段相对电阻变化率相差最大,为260%,此时传感器的迟滞性最大;当恢复至初

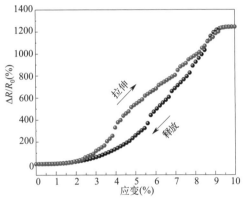

图6.4-7 传感器循环拉伸迟滞性能测试

始状态时,传感器的相对电阻变化率与加载后期的相对电阻变化率完全重合,此时传感器的迟滞性最小。试验结果表明,直立型石墨烯应变传感器在10%拉伸范围内具有一定的迟滞性。在大多数已报道的柔性应变传感器中,这种滞后现象普遍存在,特别是对于动态应变测量,这种滞后现象产生的原因与柔性聚合物的黏弹性特性、裂纹,加卸载循环作用下的不对称拉伸和恢复行为,以及拉伸过程中VG和PDMS结合界面出现脱离等因素有关。

(5)过冲行为

传感器的过冲是指由于聚合物的黏弹性引起的应力松弛行为,这种行为在已报道的柔性应变传感器中普遍存在。当传感器的拉伸量固定时,柔性聚合物通过分子运动立即释放产生的应力,宏观上表现为聚合物的应力松弛现象,同时由于聚合物结构的改变,导致与其相连的石墨烯薄片处于连接/断开状态,从而导致传感器电阻发生变化。传感器的过冲取决于灵敏系数GF、衬底材料的黏弹性和应变速率。为了研究直立型石墨烯应变传感器的过冲行为,按照相同的方法将传感器固定在万能试验机上,对传感器施加0~10%的连续应变,并保持应变为10%,同时测量其电阻变化,其过冲程度可以用拉伸停止时刻与电阻稳定时刻相对电阻变化值之差和拉伸停止时刻的相对电阻变化绝对值表示,试验结果如图6.4-8所示。

从图中可以看出,随着应变的增加,传感器的相对电阻变化率$\Delta R/R_0$持续增大,当应变达到10%时,相对电阻变化率$\Delta R/R_0$达到最大值,为236.52%。保持

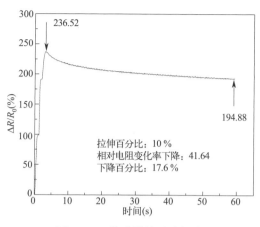

图 6.4-8 传感器的过冲行为

10%应变，相对电阻变化率 $\Delta R/R_0$ 逐渐减小，最终在 60s 后趋于稳定，过程中相对电阻变化率 $\Delta R/R_0$ 下降了 41.64%，即该传感器在 10% 应变条件下的过冲为 17.6%。对于基础设施健康监测而言，由于被测结构体应变开展速率普遍较低，相应的对传感器的扰动速率也较小，所以传感器的应力松弛现象并不明显，在实际监测过程中可以忽略过冲行为的影响。

（6）重复性

传感器的重复性表示为在相同的情况下对传感器进行连续测量，所获得测试结果的一致性。为了研究传感器的重复性，本研究设置了两种不同的循环拉伸试验。首先，设置五种不同的拉伸比（1%、2%、3%、5%和10%）对传感器进行重复拉伸试验。其次，将传感器以 0.35mm/s 的恒定速率拉伸至应变达到 10%，再以同等的速率卸载，直至应变恢复至 0，并循环加卸载 6000s。两次试验得到的传感器电阻与时间的关系如图 6.4-9 所示。

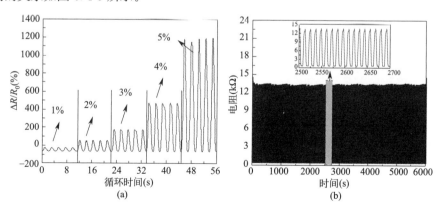

图 6.4-9 循环拉伸条件下的电阻与时间关系
（a）分级循环拉伸；（b）恒定速率循环拉伸

图 6.4-9(a) 展示了传感器在不同应变条件下的电阻变化率 $\Delta R/R_0$。当最大拉伸比分别为 1%、2%、3%、5% 和 10% 时，对应的电阻变化率分别为 36%、117%、236%、528%、1253%。说明传感器在不同应变条件下具备良好的重复性。从图 6.4-9(b) 中可以看出，在循环试验前后，传感器的电阻值变化基本保持稳定，且每个循环周期内的电阻变化值相差不大，在 1～13.5kΩ 范围内，最大电阻值误差仅为 2%。这表明传感器具有良好的稳定性。

6.4.3 传感器小应变性能分析研究

为了检测直立型石墨烯应变传感器对微小变形的感知程度，本研究将直立型石墨烯应变传感器与具备微应变感知能力的裸光纤光栅（FBG）进行对比，设计了等强度悬臂梁试验，试验设置见图 6.4-10。试验设备包括万能试验机（型号：DBC-CA-10KN，德卡精密量仪（深圳）有限公司）、电阻信号采集仪（型号：01RC，杭州领挚科技有限公司）、裸光纤光栅（深圳市畅格光电有限公司）和 FBG 信号解调仪（型号：MOI-si155，北京通为科技有限公司）。

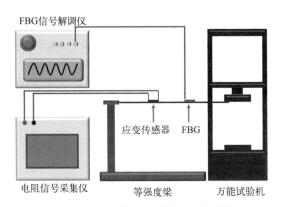

图 6.4-10　等强度悬臂梁试验装置图

试验前，使用砂纸将等强度悬臂梁表面打磨光滑并擦拭干净，然后根据第 6.2 节推导的应变传递模型，将传感器预拉 20% 后粘贴到等强度悬臂梁上，同时粘贴 FBG 作为对照组，通过万能试验机向等强度悬臂梁端部施加集中荷载，采用位移加载控制模式，每级位移大小为 5mm，每级加载后稳定 60s，得到的测试数据如图 6.4-11 所示。

忽略试验过程中温度变化对 FBG 及应变传感器的影响，其中心波长的漂移量与应变的关系为：

$$\frac{\Delta \lambda_B}{\lambda_B} = (1-P_e)\varepsilon = K_\varepsilon \varepsilon \tag{6-7}$$

式中：P_e——有效弹光系数；

K_ε——光纤光栅的应变灵敏系数（对于本试验所用常规 1550nm 单模光纤，$K_\varepsilon \approx 1.21 \text{pm}/\mu\varepsilon$）；

ε——被测结构发生的应变。

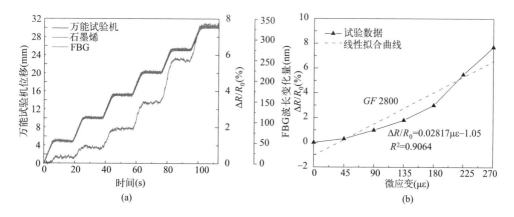

图 6.4-11　等强度悬臂梁测试数据
(a) 位移与时间关系曲线；(b) 电阻变化率与微应变关系曲线

从图 6.4-11(a) 可以看出，FBG 的波长漂移量与直立型石墨烯应变传感器的相对电阻变化率随着荷载的增加逐级递增，每级变化量为 50pm，可得每级等强度梁对应的应变在 $45\mu\varepsilon$ 左右。在高拉伸率的条件下探测低于 $40\mu\varepsilon$ 的应变变化，并根据电阻数据波动的幅度推算传感器的精度在 $10\mu\varepsilon$ 以下。

由图 6.4-11(b) 可得，VG/PDMS 应变传感器相对电阻变化率与应变之间呈现出近似线性关系，拟合方程为：

$$\Delta R/R_0 = 0.02817\mu\varepsilon - 1.05, R^2 = 0.9064 \tag{6-8}$$

从拟合方程可以看出，直立型石墨烯应变传感器预拉 20% 后的灵敏系数达到了 2800，这进一步验证了其高灵敏度的特性，且因为胶结层的存在，直立型石墨烯应变传感器的过冲行为得到了改善，最大过冲为 10%。

根据以上分析，直立型石墨烯应变传感器在高拉伸比下展现了极高的小应变探测能力，分辨率达到 $40\mu\varepsilon$，可适用于微小变形的监测。

6.4.4　图案化对传感性能的影响研究

直立型石墨烯的电阻变化与其导电网络的结构有关，传感器图案化会改变直立型石墨烯的拉伸方向的宽度，进而导致其导电网络的变化。为研究不同图案化对直立型石墨烯应变传感器的影响，本节以栅格直立型石墨烯应变传感器为研究对象，设置了如图 6.4-12 所示的微位移加载试验，试验装置包括微位移控制平台（型号：LY40-R，浙江星辰气动有限公司）、电阻采集仪（型号：01RC，杭州领挚科技有限公司）、光学平板（深圳市恒誉激光机械有限公司）。

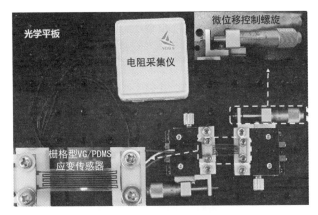

图 6.4-12　微位移加载平台

试验前，首先采用所述的方法制备直立型石墨烯薄膜，然后通过激光雕刻机理制作栅格型 VG/PDMS 应变传感器，传感器尺寸 10mm×40mm，栅格宽度为 0.05mm。如图 6.4-12 所示，将制作的栅格型 VG/PMDS 应变传感器通过 PCB 夹具夹持到微位移加载平台上，使得传感器保持初始原长状态。所使用的 PCB 夹具印刷了一层导电银浆，保证了结构的导电性，且独特的齿轮结构确保传感器与 PCB 夹具之间不会产生相对滑移。对栅格型 VG/PDMS 应变传感器进行微位移加载测试，手动调节微位移控制螺旋，逐级拉伸传感器，每级拉伸率设置为 0.2%，最大拉伸率设置为 2.0%，每级拉伸保持 60s，全程记录传感器电阻变化，试验结果如图 6.4-13 所示。

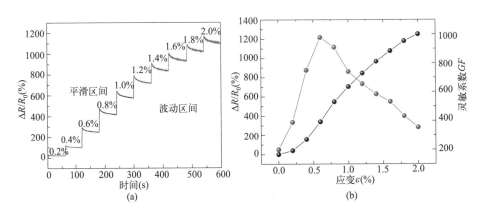

图 6.4-13　栅格型 VG/PDMS 应变传感器 0～2%微位移加载测试
（a）相对电阻变化率-时间响应曲线；（b）相对电阻变化率-应变响应曲线

从图 6.4-13 中可以看出，传感器相对电阻变化率随着应变的增大而增加，线性关系明显，灵敏系数 GF 先增加后减小，总体保持在 200～1000 范围内。同时，随着施加应变的增大，传感器的过冲现象越来越明显，且数据在应变加载到 1.2%

之后出现了明显的波动,说明此时传感器信号不稳定,噪声较大。该现象原因可能是随着应变的增大,直立型石墨烯产生了更多的裂纹,而裂纹的产生具有一定的随机性,因为栅格型图案宽度较小,其导电网络相比于无图案来说发生了更剧烈的变化,从而导致了电阻的不规则波动。

取无图案直立型石墨烯应变传感器单轴拉伸试验中 0~2% 拉伸范围的数据与栅格型 VG/PDMS 应变传感器数据对比,结果如图 6.4-14 所示。

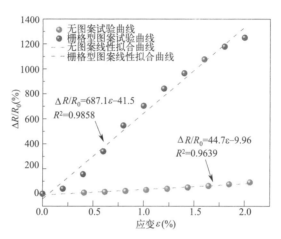

图 6.4-14　不同图案对传感性能的影响

可以看出,两者在 0~2% 应变范围内展示了良好的线性度,对于栅格型 VG/PDMS 应变传感器,相对电阻变化率与应变的拟合方程为:

$$\Delta R/R_0 = 687.1\varepsilon - 41.5, R^2 = 0.9858 \qquad (6-9)$$

对无图案 VG/PDMS 应变传感器,相对电阻变化率与应变的拟合方程为:

$$\Delta R/R_0 = 44.7\varepsilon - 9.96, R^2 = 0.9639 \qquad (6-10)$$

故在 0~2% 应变范围内,栅格型 VG/PDMS 应变传感器的灵敏系数为 678.1,远大于无图案直立型石墨烯应变传感器的 44.7,这说明直立型石墨烯拉伸宽度越小,灵敏性越高。这是因为较窄的直立型石墨烯内部更易于产生贯穿裂纹,从而引发更加剧烈的电阻变化。

综上所述,直立型石墨烯的图案化处理能极大地提高应变传感器的灵敏度,但其传感范围和稳定性将会降低。这主要与直立型石墨烯内部导电网络的变化有关。

6.4.5　基体材料对传感性能的影响研究

柔性应变传感器由敏感元件和基体材料组成,基体材料与敏感元件耦合共同传递外界施加的荷载,因此基体材料的性能直接决定了传感器的性能。其中,PDMS 和热塑性聚氨酯(TPU)是两类较为常用的基体材料,它们都有超高的弹性和生物可降解性,但相比于 PDMS,TPU 材料的弹性模量更大,一般来说,PDMS 的弹性模量为 1.32~2.97MPa，而对于 TPU 来说，该值在 10~1000MPa 内。本节制备了以 TPU 作为基体材料的应变传感器，对 VG/TPU 应变传感器进行微位移平台加载试验以测试应变传感器的性能，并将结果与 VG/PDMS 应变传感器对比，得出不同基体材料对应变传感器传感性能的影响。

VG/TPU 应变传感器的制备流程主要包括以下步骤：

(1) TPU 试剂调配。在电子天平上对试剂进行调配，具体调配比例为：油性 TPU 透明油（三七化工科技有限公司）40g，硬化剂（型号：101C，三七化工科技有限公司）8g，稀释剂（37J-100，三七化工科技有限公司）70g。调配好之后采用电动搅拌器将溶液搅拌均匀，搅拌时间 3min。

(2) 消泡。启动真空干燥机，利用真空抽气功能消除试剂搅拌过程中产生的气泡。

(3) 旋涂。将消除气泡之后的 TPU 溶液倾倒在 VG 单晶硅片上，打开旋涂-匀胶仪进行旋涂。

(4) 高温固化。将旋涂完成的 VG/TPU 单晶硅片放入干燥箱中进行高温固化，固化温度设置为 100℃，固化时间为 60min。

(5) 超声剥离。将固化完成的 VG/TPU 单晶硅片放入超声波清洗机中进行超声剥离，剥离时间设置为 200s。

(6) 激光雕刻。使用激光雕刻机将 VG/TPU 薄膜切割成 10mm×40mm 的栅格型薄片，制成最终的 VG/TPU 应变传感器，如图 6.4-15 所示。

图 6.4-15　制备的 VG/TPU 应变传感器

将制备好的 VG/TPU 应变传感器按照前述方法安装到微位移平台上，对传感器施加逐级拉伸荷载，拉伸范围同样为 0~2%，逐级拉伸传感器，每级拉伸率设置为 0.2%，最大拉伸率设置为 2.0%，每级拉伸保持 60s，全程记录传感器电阻变化，试验结果如图 6.4-16 所示。

可以看出，随着荷载的增加，VG/TPU 应变传感器表现出稳定的响应，相对电阻变化率从 0 变化到 10% 左右，灵敏系数在 0~2% 范围内变化不大，总体保持

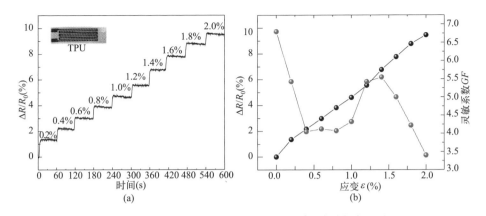

图 6.4-16 VG/TPU 应变传感器 0～2% 微位移加载测试
(a) 相对电阻变化率-时间响应曲线；(b) 相对电阻变化率-应变响应曲线

在 3.5～7。同时，相较于图 6.4-13(a) 的测试结果，传感器的过冲现象减小，原因可能是随着基体材料弹性模量的增加，导电网络的变形受到限制，从而导致电阻可发生稳定变化。

结合 VG/TPU 应变传感器与 VG/PDMS 应变传感器微位移加载试验测试数据进行分析，可以得到不同柔性基体应变传感器在不同应变条件下相对电阻变化率的变化趋势，如图 6.4-17 所示。

可以看出，两者在 0～2% 应变范围内展示了良好的线性度，对于 VG/TPU 应变传感器，相对电阻变化率与应变的拟合方程为：

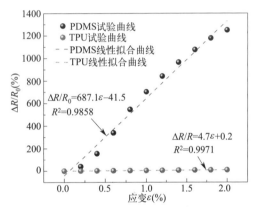

图 6.4-17 不同基体材料对传感性能的影响

$$\Delta R/R_0 = 4.7\varepsilon + 0.2, R^2 = 0.9971 \tag{6-11}$$

对 VG/PDMS 应变传感器，相对电阻变化率与应变的拟合方程为：

$$\Delta R/R_0 = 687.1\varepsilon - 1.05, R^2 = 0.9858 \tag{6-12}$$

相较于 VG/TPU 应变传感器约 4.7 的灵敏度，VG/PDMS 在 0～2% 范围内具有更高的灵敏度，可达 687.3，二者相差两个数量级。同时，VG/TPU 材料表现了更高的线性度，决定系数 $R^2 = 0.9971$。这种现象产生的原因可能是基体材料弹性模量的改变影响了直立型石墨烯与柔性基体材料的界面状态，进而影响了传感器的传感性能。

综上所述，不同基体材料对直立型石墨烯应变传感器的性能有显著影响。就拉伸极限而言，VG/TPU 在应变范围内电阻数据波动明显，由此可知 TPU 材料的拉伸极限不如 PDMS；就灵敏度而言，两者差异较大，VG/PDMS 应变传感器具有更高的灵敏系数；就线性度而言，VG/TPU 应变传感器的线性度更高。所以 VG/TPU 应变传感器更适用于对数据稳定性要求较高而对测量量程与灵敏度要求不高的应变监测领域。

6.4.6 温度对传感性能的影响研究

考虑到在结构健康监测中，应变传感器通常连接在被测结构表面，受到四季温度变化和昼夜温差的影响，传感器的性能可能会发生改变，进而影响监测结果的精度，因此本节将探讨环境温度对直立型石墨烯应变传感器传感性能的影响。

将按照第 6.3 节所述方法制备的直立型石墨烯应变传感器分别放入干燥箱中，初始温度为 20℃，设定最高温度为 90℃，采用万用表测量并记录直立型石墨烯应变传感器在试验过程中的电阻值变化，如图 6.4-18 所示。

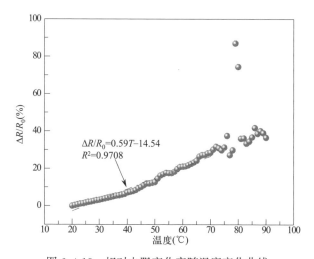

图 6.4-18　相对电阻变化率随温度变化曲线

可以看出，在 20~70℃ 范围内，直立型石墨烯应变传感器的相对电阻变化率随着温度的升高而增大，两者基本呈线性关系，其线性拟合方程为：

$$\Delta R/R_0 = 0.59T - 14.54, R^2 = 0.9708 \tag{6-13}$$

当温度超过 70℃ 后，传感器相对电阻变化率出现跳变现象，这是由于温度的升高影响了直立型石墨烯中导电粒子的定向移动，使之难以形成稳定的定向电流，进而导致内部电阻的剧烈变化。此外，柔性 PDMS 材料的热膨胀效应导致传感器整体发生膨胀变形，进一步加剧了传感器电阻的变化。

综上所述，现阶段直立型石墨烯应变传感器的相对电阻变化率随温度的升高而增加，在温度变化较大的使用条件下应当进行温度修正，且传感器正常工作的温度极限为 70℃，当温度超过 70℃ 时，传感器相对电阻变化率将发生剧烈变化，稳定性大大降低。

6.5 直立型石墨烯应变传感器试验验证

6.5.1 混凝土开口梁裂缝变形监测

本试验将直立型石墨烯应变传感器粘贴在混凝土开口梁裂缝展开处，通过万能试验机对开口梁进行三点加载，检测传感器在加载过程中的传感效果，并通过与引伸计数据的对比验证传感器在混凝土裂缝变形监测中的应用潜力。

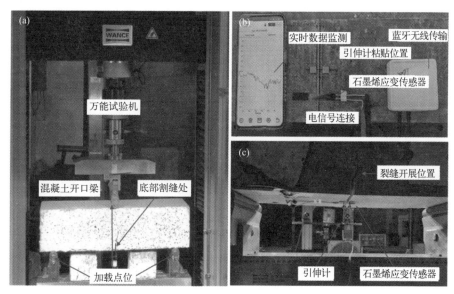

图 6.5-1　混凝土开口梁裂缝监测试验
（a）万能试验机加载点位；（b）传感器安装；（c）试验过程中的裂缝开展位置

图 6.5-1 为混凝土开口梁裂缝监测试验示意图，混凝土开口梁试件尺寸为 150mm×150mm×550mm，所使用的传感器包括夹式引伸计（品牌：NCS，型号：YYJ-10/10）和直立型石墨烯应变传感器。如图 6.5-1（b）所示，首先在试件底部割缝处安装测量割缝开口距离（Crack Mouth Opening Displacement，CMOD）的夹式引伸计和直立型石墨烯应变传感器，安装方式为粘贴，粘贴位置相邻平行设置，以保证裂缝开展结果的一致性。然后连接引伸计数据采集仪和石墨烯电阻数据采集仪，待数据稳定后，将万能试验机调整为 CMOD 控制加载模式，获取荷载-CMOD 全过程曲线。试验加载过程严格参照 EN14651 规范，采用两段式加载速率，初始加载速率为 0.05mm/min，当 CMOD 达到 0.5mm 后调整为 0.2mm/min，加载至 CMOD 达到 5mm 或试件破坏时停止加载，忽略试验过程中的温度变化。

图 6.5-2 为试验过程中混凝土开口梁的荷载-变形曲线。

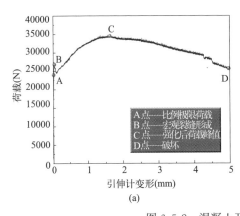
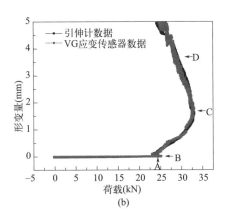

图 6.5-2 混凝土开口梁荷载-变形曲线
(a) 荷载-引伸计变形曲线；(b) 荷载-直立型石墨烯应变传感器/引伸计变形曲线对比

如图 6.5-2(a) 所示，整个加载过程分为四个阶段：从开始加载到割缝开口距离达到 0.05mm 左右为弹性阶段，对应 A 点为比例极限荷载特征值，这一阶段开口梁尚未发生开裂；割缝开口距离从 0.05mm 到 0.25mm 为裂缝开展阶段，对应 B 点为初始宏观裂缝形成特征值，这一阶段开口梁内部裂缝开始发展，直至荷载达到 22kN 左右形成了肉眼可见的宏观裂缝；割缝开口距离从 0.25mm 到 1.7mm 为加强阶段，对应 C 点为强化后荷载特征值，这一阶段开口梁的裂缝宽度不断增大，但强度逐渐增加，直至荷载至 33kN 时达到极限强度；随后割缝开口距离不断增大，直至构件发生破坏。在整个加载过程中，直立型石墨烯应变传感器与引伸计数据在前三个阶段的吻合度较高，最大误差仅为 3%，当割缝开口距离达到 1.7mm 后，由于传感器与试件之间可能存在部分滑移，所以直立型石墨烯应变传感器与引伸计数据的差异性较大，最大误差为 11%。

以上结果表明，现阶段直立型石墨烯应变传感器可准确采集开口梁构件开裂初期的裂缝开展数据，考虑到现行设计规范中裂缝最大允许宽度为 0.3mm，所以直立型石墨烯应变传感器在混凝土结构裂缝监测领域有广阔的发展前景。

6.5.2 土工格栅拉伸变形监测

土工格栅是一种常见的土工合成材料，用于改善土体的力学性能，提高土体强度和稳定性。试验将直立型石墨烯应变传感器粘贴在玻纤土工格栅上，通过万能试验机对土工格栅进行拉伸加载，监测传感器在加载过程中的传感效果，并与裸光纤光栅 FBG 监测结果对比，验证传感器在土工格栅变形监测中的应用潜力。

图 6.5-3 为土工格栅拉伸变形监测试验示意图，试验采用泰安通南有限公司生产的玻纤土工格栅，试件尺寸为 200mm×30mm，网格尺寸为 25.4mm×25.4mm，所用传感器包括裸光纤光栅应变传感器（品牌：NCS，型号：YYJ-10/10）和直立型石墨烯应变传感器。如图 6.5-3 所示，首先将直立型石墨烯应变传感器粘贴在土工格

栅一侧的中心位置上,再在另一侧的中心位置处安装裸光纤光栅 FBG 应变传感器,安装方式为环氧树脂胶粘贴,粘贴位置相对设置,以保证裂缝开展结果的一致性。然后将土工格栅连接在万能试验机的夹具上,对土工格栅施加一定的预拉力,以保证其处于拉伸状态。连接光纤信号采集仪和石墨烯电阻数据采集仪,待数据稳定后,对土工格栅进行拉伸,拉伸速率设置为 1mm/min,初始夹具间距为 175mm,当土工格栅破坏时停止加载,忽略试验过程中的温度变化。

图 6.5-4 为试验过程中直立型石墨烯应变传感器和裸光纤光栅 FBG 所测得的应变-时间曲线。

图 6.5-3 土工格栅拉伸变形监测

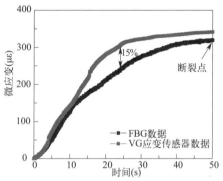

图 6.5-4 直立型石墨烯应变传感器/FBG 应变-时间响应对比

可以看出,土工格栅的应变随着拉伸量的增加不断增大,当应变达到 $150\mu\varepsilon$ 时部分纤维开始发生崩断,直到应变达到 $300\mu\varepsilon$ 左右,纤维崩断数目明显增多,土工格栅发生断裂。在整个过程中,直立型石墨烯应变传感器与 FBG 数据在应变达到 $150\mu\varepsilon$ 前吻合度较高,最大误差仅为 2%,此后两者测量差距不断增大,最大误差达到了 15%。这可能是由于当土工格栅拉伸量增大到一定程度后,FBG 应变传感器由于粘贴工艺与自身刚度的原因局部粘贴位置发生了错动,而对于直立型石墨烯来说,因为自身拉伸范围较大,故不会存在上述问题。

以上结果表明,现阶段直立型石墨烯应变传感器可实现土工格栅拉伸全过程的变形监测,且得益于自身拉伸范围大的特点,有望解决现有技术在土工格栅大变形状态下监测误差较大的问题。

6.6 本章小结

三维纳米结构的直立型石墨烯具有较大的表面体积比、较高的机械强度和极其稳定的化学性质,是柔性应变传感器的理想敏感材料。但现阶段直立型石墨烯应变传感器存在着制备工艺复杂、传感机理尚不明确、传感性能各异等问题。本文通过等离子体增强化学气相沉积法和超声波剥离法制备了一种以直立型石墨烯为敏感元件的柔性应变传感器，开展了传感器与被测结构的应变传递机理研究及传感器应变感知机理研究，通过各类试验对传感器的传感性能和影响因素进行了分析测试，设计了一种基于石墨烯应变传感器的无线位移传感器，最后探索了直立型石墨烯应变传感器在基础设施领域多种工程场景中的应用前景。主要研究结论如下：

（1）在感知机理方面，建立了一种针对石墨烯柔性应变传感器的表面粘贴式应变传递模型，提供了应变传递模型的解析解，并与前人模型对比验证了该应变传递模型的正确性；运用灰度关联法对各个影响因素的影响权重进行分析，得出传感层弹性模量对灰度关联等级的影响最大，其次是基体层厚度，灰度关联等级值分别为 0.632 和 0.673；基体层弹性模量和胶结层厚度对应变传递系数的影响有限，灰度关联等级均小于 0.6。在实际工程应用中可根据材料参数的影响程度和实际情况综合取值。另外，提出了一种基于压阻效应的直立型应变传感器的传感感知机理。具体来说，传感器的应变敏感性受到石墨烯薄片的滑动、裂纹扩展、碳纳米片接触变化和隧穿效应四者共同作用的影响，在变形初期主要依靠石墨烯薄片的滑动和裂纹扩展引起传感器发生微小的电阻变化，当应变增大到一定程度后，在裂纹扩展、碳纳米片接触变化和隧穿效应三者的共同作用下，传感器电阻发生急剧变化。

（2）在性能测试方面，通过万能机拉伸试验，直立型石墨烯应变传感器展现了在大应变条件下优异的传感性能，灵敏系数随着拉伸长度的变化而变化，其值在拉伸极限 20% 时高达 410，重复误差仅为 2%，最后解释了迟滞性和过冲行为产生的原因；通过等强度悬臂梁加载试验，证明直立型石墨烯应变传感器具有良好的低应变响应，最小分辨率优于 $40\mu\varepsilon$。除此之外，研究了老化处理、图案化、基底材料和温度对传感器感知性能的影响，结果表明：直立型石墨烯应变传感器制备后的老化处理有利于提高传感器的稳定性；图案化处理能极大地提高应变传感器的灵敏度，但是其传感范围和稳定性将会降低；传感器的基底材料刚度与线性度和稳定性成正比，与灵敏度成反比；在 20~70℃ 范围内，直立型石墨烯应变传感器的相对电阻变化率随着温度的升高而增大，当温度超过 70℃ 时，传感器稳定性大大降低。

（3）在潜在应用方面，基于直立型石墨烯应变传感器高灵敏度和量程可调的特点，开发了一种直立型石墨烯无线位移传感器，主要分为传感模块、信号采集模块和信号接收模块，传感模块将采集到的电阻变化信息传递给信号采集模块，信号采集模块将信号进行处理，最终通过 2.4GHz 无线通信发送给信号接收模块，实现电阻信号的无线传导。对该位移传感器进行了一系列标定试验，试验结果表明传感器的测量范围为 0~90mm，灵敏度为 29.6kΩ/mm，测量分辨率为 0.034mm，静态误差为 7.62%，同时还具有良好的拉伸稳定性。最后，将直立型石墨烯应变传感器应用于混凝土开口梁裂缝变形监测和土工格栅拉伸变形监测中，测得的开口梁裂缝展开值与真实值之间偏差在 3% 左右，显示了传感器对混凝土结构裂缝发展情况的探测能力；测得土工格栅拉伸变形值与现阶段应用广泛的 FBG 应变传感器测量值相比，最大检测误差仅为 15%，结合直立型石墨烯应变传感器拉伸范围大的优势，其在土工格栅大变形监测领域具有潜在的应用价值。

第7章
基于机器视觉的位移场感知技术研究

7.1 引言

超大城市规模快速扩张带来的交通拥堵、土地资源紧缺等"城市病"日益凸显，地下空间开发成为推动城市可持续发展的重要途径。近年来我国城市地下空间开发规模领军世界，在沿海发达地区，地下工程呈现出规模大、距离近、环境复杂等特点。根据《2021中国城市地下空间发展蓝皮书》统计，2020年公开报道的地下工程施工事故超过50起，给人民群众生命财产和城市安全都带来了巨大威胁。由于城市轨道交通线路日益密集，以深圳为代表的超大城市规划和建设了一批地下轨道交通枢纽，其结构形式复杂，建造风险巨大，对施工变形控制要求十分严格，因此研究高精度实时监测和预警技术意义重大。

目前传统的地下工程位移监测方法主要包括人工监测和自动化监测两大类。人工监测主要通过测量人员进入施工现场，采用全站仪、静力水准仪、测斜仪等传统工具进行人工测量，测量准确性受人为因素影响大，实时性差且监测效率低，难以适应现代工程高效性、及时性、准确性和经济性等方面的要求；自动化监测通过测量机器人等设备，对地下结构位移进行连续监测，精度可达亚毫米级，但设备成本较高。此外，光纤传感、三维激光扫描等技术在地下工程变形监测中也有应用，但局限于少数工程试点，尚未大规模推广。随着图像采集和计算机视觉技术的快速发展，基于机器视觉的结构位移监测方法因其高精度、可多点同时监测等优点受到广泛关注，并在路堤沉降、隧道变形、桥梁挠度、边坡位移监测等多种土木工程场景中成功应用。机器视觉技术主要通过相机拍摄被测结构视频并进行目标追踪处理，得出目标点在图像中的运动轨迹，并通过图像和现实世界的几何转换关系计算测点的真实位移信息。由于可对相机视野内任意测量区域进行识别，因此机器视觉技术可以较低成本实现区域内的多点测量。一般而言，机器视觉测量位移的精度整体可达毫米级甚至亚毫米级，但其精度受到多种因素影响，包括：①系统硬件（如图像噪声、镜头畸变）带来的误差；②亚像素估计、非刚体变形等图像处理算法带来的误差；③外部环境因素引起的误差，例如风、地面振动、温度、雾气和灰尘等。目前机器视觉技术在地下工程施工中的应用案例鲜见报道，并且地下工程施工过程中环境因素较为复杂，机械振动、灰尘、遮挡等因素均可能对监测结果造成不利影响，因此其在复杂地下工程施工中的应用效果有待进一步研究和验证。

近年来，我国城市轨道交通建设与运营规模持续增长，截至2020年末，全国共有50个城市开通城市轨道交通运营线路，线网总规模超过9000km，运营车站达5343座，全年累计完成客运量236.9亿人次、进站量146.3亿人次。城市轨道交通工程建设周期通常长达五年以上，工程专业划分众多，施工环境复杂，工程建设后移交运营管理的时间长达数十年甚至上百年，运营过程也存在载客量大、空间相对封闭等管理难点。在传统项目管控模式下，城市轨道交通工程的建设与运营参与单位之间难以较好实现工程信息的有效流转与各方协同工作，项目成本、进度、质量、安全等管控效率迫切需要提升。物联网、大数据、人工智能等新一代信息技术在城市基础设施建设管理中的大规模应用实践，为城市轨道交通工程信息化管理变革带来了新的契机。数字孪生技术通过在数字虚拟空间构建一个对物理实体的一一映射孪生体，实现实时交互、虚实融合，可以用于模拟、监控、诊断、预测和控制物理实体在现实环境中的形成过程和行为。将数字孪生技术运用于智慧轨道交通领域，可以减少轨道交通建设和运营阶段的数据孤岛，提高城市轨道交通的智能化水平，拓展城市轨道交通数字资源的价值空间，增强城市轨道交通的服务能力。

本章节主要介绍地铁隧道变形摄像监测系统原理、技术改进、稳定性与精度，为机器视觉技术在复杂地下工程中的应用提供依据和支持，同时研究了轨道交通工程数字孪生技术及其应用。首先研究了倾斜摄影地面建模、三维地质建模及激光扫描隧道结构建模等地面地下轨道交通工程数字底座构建方法，为轨道交通工程健康监控数据实时感知提供了坚实的基础。其次以轨道交通保护区和轨道交通工程隧道为重点，研究了基于无人机技术的轨道交通保护区风险源识别技术，研究了基于三维激光扫描仪、智能全站仪及静力水准等多传感器联合的隧道结构监测方法。最后以广州地铁2号线飞白区间综合应用、白沙河铁路大桥结构健康监测及轨道交通路面塌陷等为例，阐述了轨道交通工程数字孪生的典型应用。

7.2 基于机器视觉的地铁隧道变形点目标高精度实时识别方法

机器视觉监测系统主要包括标靶、双头相机、基准点、计算机及处理软件和数据平台。其中标靶作为追踪目标,双头相机负责拍摄标靶图像,计算机及处理软件和数据平台对拍摄的图像进行分析、计算并上传数据。

如图 7.2-1 所示,在单个双头相机 C 左右两侧布设标靶 T,实线表示位移前,虚线表示位移后,双头相机两侧四个标靶在竖直方向的位移计算公式为:

$$\begin{cases} h_{T_{i-1}}^{C} = k_{T_{i-1}}(\Delta y_{T_{i-1}} - \Delta y^{C} - d_{T_{i-1}}^{C}\sin\theta^{C}) \\ h_{T_{i}}^{C} = k_{T_{i}}(\Delta y_{T_{i}} - \Delta y^{C} - d_{T_{i}}^{C}\sin\theta^{C}) \\ h_{T_{i+1}}^{C} = k_{T_{i+1}}(\Delta y_{T_{i+1}} - \Delta y^{C} + d_{T_{i+1}}^{C}\sin\theta^{C}) \\ h_{T_{i+2}}^{C} = k_{T_{i+2}}(\Delta y_{T_{i+2}} - \Delta y^{C} + d_{T_{i+2}}^{C}\sin\theta^{C}) \end{cases} \quad (7\text{-}1)$$

式中:h——标靶在相机拍摄图像中的竖直方向位移;

Δy——标靶或双头相机的沉降量;

k——标靶图像被放大的倍数;

d——标靶与双头相机之间的距离;

θ^{C}——双头相机的俯仰角度变化。

机器视觉监测系统可在监测区域内按需布设节点实现全区域多点变形测量,基于几何光学成像模型,相邻节点间进行观测并逐级传递位移,将测量基准点引入监测网络中,可测得多个待测目标相对于所选基准点的变形量。由于相机放置在自身不稳定的被监测结构物当中,因此自身姿态会发生变化,根据同级测站中 2 个相机的固连约束,即同一双头相机中的两相机俯仰角和沉降量分别为同一物理量,可对其进行修正,得到各个测点相对于基准点的位移变化。

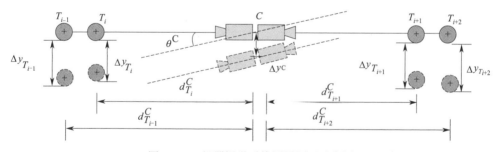

图 7.2-1 机器视觉系统测量原理示意图

7.2.1 现场标定

为了验证监测系统在现场应用过程中的可靠性和精度,对工程现场应用的监测链路进行了标定试验。如图 7.2-2 所示,将监测棱镜固定在可移动的微调平台上,棱镜的位移量通过微调平台上的螺旋测微器精确读出(精度 0.005mm),将棱镜放置在离相机一定距离的侧墙上。移动微调平台使监测棱镜发生给定位移,读取游标卡尺的位移示数作为棱镜螺旋测微器位移值,同时用双头相机对棱镜进行同步的追踪测量，将相机对棱镜的测量位移数据与游标卡尺的读数进行比较。在实际标定过程中，棱镜和相机的距离设置为 10～70m（间隔 10m），棱镜位移为 2mm、4mm、6mm、8mm，相机采样率为 1Hz，每级位移下待变形稳定后采集 1min 数据，共 60 个数据点。

图 7.2-2　现场标定试验

定义测量偏差位移 u_{diff} 为：

$$u_{\text{diff}} = u_1 - u_2 \tag{7-2}$$

式中：u_1——计算机视觉技术测量得到的位移值；

u_2——螺旋测微器测量得到的位移值。

图 7.2-3 为不同测量距离和螺旋测微器位移下的最大偏差位移。当测量距离为 70m 且螺旋测微器位移值为 8mm 时，最大位移偏差值达到 0.35mm。从整体上看，偏差位移的正负分布较为均衡。当螺旋测微器位移为≤4mm 时，最大偏差位移受测量距离的影响不显著；当螺旋测微器位移为≥6mm 时，最大偏差位移随着测量距离的增加呈现增大趋势。当测量距离≤30m 时，最大测量偏差和螺旋测微器位移量的相关性不显著；当测量距离≥40m 时，最大测量偏差随着螺旋测微器位移量的增大而增加。

图 7.2-4 为位移误差统计直方图，共统计 1680 个数据点，数据正负样本均衡，偏差值范围在 -0.23～0.36mm，平均值为 0.01mm；偏度为 0.390，数据右偏但整体对称，峰度 1.923，偏差值集中在 -0.01～0.03mm 范围内，共 537 组数据。误差的正态 P-P 图接近直线，因此可认为位移偏差数据近似正态分布。数据的标准差为 0.068mm，95% 置信区间为（-0.12mm，0.14mm），可以满足工程需要。

将每一组标定试验的 60 个数据点视作一个样本，计算不同螺旋测微器位移值下偏差位移的均值和标准误，如表 7.2-1 所示。样本 95% 置信区间最大值为

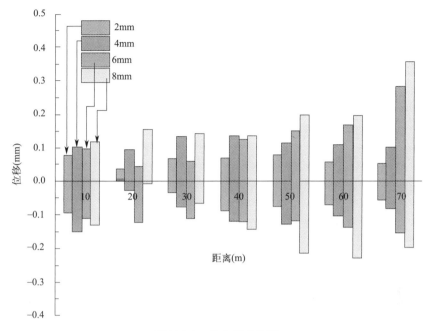

图 7.2-3 最大偏差位移

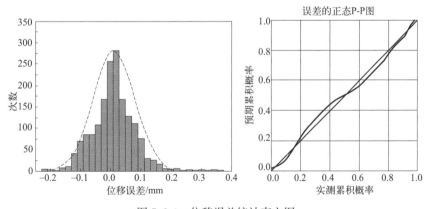

图 7.2-4 位移误差统计直方图

0.084mm，平均值为 0.047mm；对 1min 内的 60 个测量值取平均，测量偏差 95% 置信区间为（−0.082mm，0.086mm），相比单个测量值的测量误差减小。

样本均值和标准误差　　　　　　　　　　　　表 7.2-1

螺旋测微器位移/mm	2	4	6	8
样本均值/mm	0.002	0.009	0.002	0.026
标准误 SE/mm	0.011	0.012	0.043	0.030

续表

95%置信区间(1.96SE)/mm	0.021	0.023	0.084	0.059
下限值	−0.019	−0.014	−0.082	−0.033
上限值	0.023	0.032	0.086	0.085

7.2.2 技术指标

(1) 范围：可根据实际监测需求确定；

(2) 量程：位移量 $\Delta=300\text{mm}$，可根据实际需求配置；

(3) 精度：0.5mm+1ppm；

(4) 采样频率：可根据实际需求确定，目前设备采样频率为 30Hz；数据传输方式：通过无线网上传至服务器。

7.3 基于机器视觉济南轨道交通 R2 线智能测量

机器视觉智能测量系统于 2019 年在济南轨道交通 R2 线历山北路站基坑项目成功应用，取得了较好的应用效果。

7.3.1 工程简介

济南轨道交通 R2 线历山北路站基坑项目位于山东省济南市历山北路与北园高架路交叉处，基坑与北园大街和北园高架路距离较近，且周边存在多个建筑物。由于深基坑施工过程中存在许多不确定性因素，且周边既有交通流量大，对该轨道交通地下空间的施工安全提出了很高的要求。

为有效控制基坑自身变形和施工对周边环境的破坏，在施工过程中应及时对基坑支护结构以及周边环境实施全面的监控量测，重点开展对基坑本体自动化监测、基坑邻近结构物自动化监测、基坑变形控制，通过监测得到的数据对基坑整体稳定与变形进行安全评估，分析产生变形的原因，及时反馈设计方、施工方调整施工步骤，从而进一步确保施工安全。

7.3.2 系统简介

通过机器视觉智能测量系统对基坑围护墙顶水平及竖向位移进行自动化监测。机器视觉智能测量系统采用物联网技术及智能灾变识别算法将视频数据转化为变形数据，实现对各类土木工程结构物的超高精度非接触式实时测量，达到对结构物健康状况全天候监测的目的。

该系统由机器视觉智能测量仪、相机镜头、靶标、本地调试 APP 和同感云结构物健康监测管理平台组成。在待测结构物上布设若干靶标，在相对结构物稳定的位置安装机器视觉智能测量仪以识别结构物上的靶标图像。当被测结构物发生平面位移时，靶标坐标随之变化，从而测量到被测物的水平与垂直双向位移，并通过内置的图像增强边缘计算软件将图像转化为二维位移数据，无线上传至远程在线监测云平台，供工作人员实时掌握现场结构物健康状况，如图 7.3-1 所示。

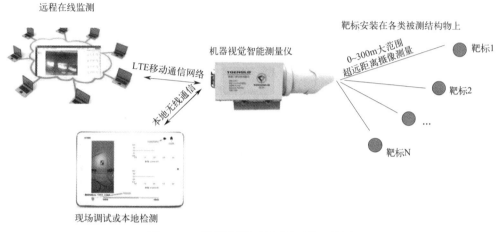

图 7.3-1　机器视觉智能测量系统工作图

7.3.3　现场实施

鉴于基坑开挖会导致周边一定范围出现变形，对二维位移测量仪的摄像头基准点存在影响，本次现场监测在摄像头位置处设置一个北斗 GNSS 设备校核基准点，并将 GNSS 的数据变化在数据平台中修正到基准点的变形上，确保监测设备的基准点自身变形处于已知及可控范围，如图 7.3-2、图 7.3-3 所示。

图 7.3-2　近接基坑现场机器视觉智能测量

机器视觉智能测量系统可有效对围护结构顶部二维位移进行非接触测量，解决了原有的水平位移难以测量的问题。从数据管理平台上可以看出，监测期内围护结

图 7.3-3 施工现场靶标及数据采集仪安装图

构顶部位移变化平稳,均在 5mm 内。

7.4 本章小结

本方案通过构建双头相机网络,以摄像机、照相机作为测量传感器,对图像数据进行处理分析,获取待测结构物的位置、形貌、姿态等参数,测量结构物的位移、变形、速度、加速度、角速度等运动参数。

本章介绍了地铁隧道变形摄像监测系统原理、技术改进、稳定性与精度,为机器视觉技术在复杂地下工程中的应用提供依据和支持。基于串联相机网络的摄像测量方法,为测量设备在大范围、长距离不稳定区域进行变形测量提供一种高精度的自动测量方案,可解决地下隧道工程等不稳定测量平台上进行自动、长时间连续变形测量这样一大类工程难题。

为了验证监测系统在现场的可靠性和精度,对工程现场应用的监测链路进行了标定试验,棱镜和相机的距离设置为 10~70m(间隔 10m),棱镜位移为 2mm、4mm、6mm、8mm,相机采样率为 1Hz,每级位移下待变形稳定后采集 1min 数据,共 60 个数据点。将每一组标定试验的 60 个数据点视作一个样本,计算不同螺旋测微器位移值下偏差位移的均值和标准误。样本 95% 置信区间最大值为 0.084mm,平均值为 0.047mm;对 1min 内的 60 个测量值取平均,测量偏差 95% 置信区间为(-0.082mm,0.086mm)相比单个测量值的测量误差减小。

机器视觉智能测量系统采用物联网技术及智能灾变识别算法将视频数据转化为变形数据,实现对土木工程结构物的超高精度非接触式实时测量,达到对结构物健康状况全天候监测的目的。在济南轨道交通 R2 线历山北路站项目,机器视觉智能测量系统可有效对围护结构顶部二维位移进行非接触测量,实现围护结构顶部位移监测,解决了原有的水平位移难以测量的问题。

第8章 大型轨道交通枢纽围护结构自动化协同控制系统

8.1 引言

传统钢支撑由于安装及拆卸便利、可提供预加轴力等特点,在国内地下结构工程支护领域得到广泛的应用。但是随着城市化进程不断推进,城市地铁线网及建筑趋于密集,在房屋建筑的施工过程中,极易对附近的地铁线路产生扰动。为了切实保护地铁生命线的安全,钢支撑轴力伺服系统应运而生,并开始逐渐应用于地铁车站施建过程中对围护结构变形的严格控制,以确保近接建筑的稳定。由于伺服系统在最近十几年才开始逐渐兴起,在应用水平方面尚显不足,导致难以发挥最大的变形控制能力。因此,结合伺服系统作用下的支撑体系及围护结构的变形及受力特点,对伺服系统的应用技术展开深入研究具有重要的现实意义。

8.2 钢支撑轴力伺服系统

8.2.1 概述

钢支撑轴力伺服系统是一套完整的地下结构支护安全解决方案。地下结构支护是为保证地下结构施工及地下结构周边环境的安全,对地下结构侧壁及周边环境采取的支挡、加固与保护措施。该支撑轴力伺服系统特点在于24小时实时监控,低压自动补偿、高压自动报警,可提供全方位多重安全保障,适用于需要对地下结构变形进行严格控制的工程项目。其工法特点如下:①围护结构变形控制效果显著,安全性高。通过预设轴力值和预警值,轴力不足自动补偿,轴力过大及时预警,可严格控制围护结构的变形，保证地下结构施工的安全；②节省后续监控量测所需的人力。安装完成后便可以对钢支撑的轴力、支撑端处围护结构位移进行实时量测，无须再耗费人力进行现场读数、监测；③安装定位精度高，操作简便。通过螺栓完成支撑头总成与钢支撑端头的拼装，安装、定位都比较方便；④支撑头总成在钢支撑吊装前便完成了与支撑端头的拼装，对主体结构施工进度基本无影响；⑤围护结构水平位移测量精度高。千斤顶端头加装超声波位移传感器，用以监测钢支撑的位移，并在支撑端头下方的围护结构安装激光位移收敛计，以获取双侧壁的位移收敛值，用于校核水平位移，提高测量精度；⑥施加轴力后具有充足的安全保障。采用液控单向阀、电磁截止阀、分离双机械锁作为保压措施，预防千斤顶等部件故障后导致钢支撑失压。

8.2.2 适用范围及工艺原理

该系统适用于软弱地层条件下、对坑边外土体位移有较高要求的地铁车站地下结构或狭长深地下结构，特别是邻近沉降控制严格的建筑物的地下结构。

钢支撑轴力伺服系统是通过对支撑轴力、围护结构变形及温度的实时监测，从而及时对钢支撑轴力进行补偿、调整的新型自动化控制系统，以本研究采用的TH-AFS（A）支撑轴力伺服系统为例，该系统主要由程控主机（中央监控系统）、数控泵站（液压动力控制系统）和支撑头总成（轴力补偿执行系统）三部分组成。程控主机采用高性能多I/O嵌入式电脑ABOX-700，用户可通过程控主机远程实时控制多台数控泵站，并随时查看各数控泵站反馈的压力和位移等数据；数控泵站也称为控制柜，由一系列机械及电子的元器件组成，数控泵站工作的核心组成为PLC控制器、变频电机、液压泵和无线通信模块；支撑头总成则与钢支撑端头连接，并安装在地下围护结构的设计指定位置，它与数控泵站是通过油管、线缆连接进行工作的，内部包含千斤顶和双机械锁，用以对钢支撑施加轴力。数据泵站作为中间纽带将程控主机和支撑头总成连接起来，在两者之间进行信息的传递，实现对钢支撑轴力的测控，如图8.2-1所示。

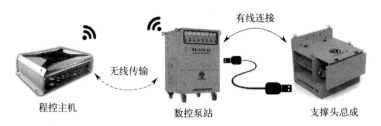

图 8.2-1 钢支撑轴力伺服系统的信息传输

支撑头总成内部设有压力传感器、超声波位移传感器，端头下方的围护结构上也会安装激光位移收敛计，对钢支撑的轴力、变形以及围护结构的位移进行实时监测，如图8.2-2～图8.2-4所示。当测得的轴力低于设定值时，会通过调节变频电机的转速直接调整液压泵输出系统设定的液压油流量，从而改变千斤顶的推力值，对钢支撑的轴力进行及时自动补偿；当测得的轴力高于报警值时，系统会立刻发出警报，让监测人员收到通知。

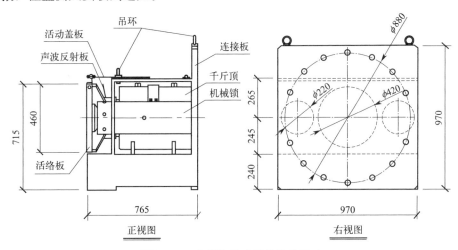

图 8.2-2 支撑头总成的构造及尺寸

图 8.2-3 支撑头总成内部构造

图 8.2-4 支撑头总成外观

8.2.3 施工工艺流程及操作要点

（1）施工工艺流程

邻近建（构）筑物软弱地层地铁车站地下结构钢支撑轴力伺服系统的施工工艺流程为：现场踏勘及方案设计→设备采购及工厂加工→设备、人员进场及监控室布置→支撑头总成与钢支撑节段的现场拼装→钢支撑轴力伺服系统托架安装→伺服钢支撑吊装→数控泵站布置及传感器、管线安装→安装激光收敛计→设置参数及施加轴力→电子温度计安装→现场监控及报表生成。具体流程见图 8.2-5。

（2）施工操作要点

1）现场踏勘及方案设计

伺服设备单位应协同业主、设计、施工各单位到施工现场进行踏勘，在对项目的情况基本了解后,对伺服系统在该项目上实施的可行性进行初步判断。现场踏勘需要了解的内容主要包括:水文及地质条件、围护结构(尤其是内支撑)的原始设计方案、周围建(构)筑物位置分布、施工作业的场地条件、监控室设置条件、供电条件等,应综合上述内容对伺服系统实施的可行性进行判断。

在初步确认伺服系统实施的可行性以后,伺服设备单位与设计单位应共同对钢支撑轴力伺服系统的设计方案进行拟定。在方案设计的过程中,应重点考虑的内容有:新设计方案的应用区域、钢支撑和混凝土支撑的空间布置、伺服钢支撑数量与分布、钢支撑选型、钢支撑轴力预加值及报警值、千斤顶选型、支撑头总成尺寸设计、伺服钢支撑长度及分节、钢围檩及伺服端牛腿设计、激光位移收敛计布置、数控泵站布置、监控室及技术人员宿舍设置、技术人员安排等。

图 8.2-5 施工工艺流程图

2)设备采购及工厂加工

在钢支撑轴力伺服系统方案设计完成后,开展相关仪器、构件的采购工作,并送至加工工厂进行设备的加工。在进行设备加工时,加工企业应严格按照图纸要求进行加工,并应按照《钢结构工程施工质量验收标准》GB 50205—2020 的要求进行验收。采购及加工过程需注意以下几点:①按照设计轴力选择合适的液压千斤顶,其行程不应小于150mm;②液压千斤顶的油压控制偏差不应大于 0.1MPa;③机械锁的锁紧力应满足设计要求,其最大锁止距离不得大于 5mm;④伺服端头加工完毕后必须进行 50% 超载的预压试验作为支撑头总成的可靠性能测试,以保证支撑体系的安全性;⑤出厂前应确保液压单向阀、电磁截止阀和机械锁能正常使用。

3)设备、人员进场及监控室布置

(1)设备加工完成后,在确认工地现场已做好接收准备的条件下,将设备运至现场(图 8.2-6、图 8.2-7),设备技术人员应提前到达现场,做好设备接收工作以及钢支撑轴力伺服系统的现场施工准备工作:①伺服设备运输途中,必须采取防淋雨措施,保证设备内部电子器件保持干燥状态;②运输车辆应尽可能保证行驶过程的平稳,尽量避免设备之间相互碰撞出现损坏;③若受到场地限制,设备可采取分批运输的方式,下一批次的设备应在上一批次设备全部安装完成之前送达;④设备技术人员进场前,应接受现场安全教育培训,培训完成后才能进入现场;⑤设备技术人员应尽快熟悉现场情况,清理并布置好设备堆放区域,等待设备进场。

（2）按照拟定的方案完成监控室的搭建及布置，并将主机和显示器安放在监控室。监控室的布置主要包括电源、网线、日常照明设备、监控设备配套用的办公桌椅等。

图 8.2-6　钢支撑伺服端连接效果

图 8.2-7　设备进场

4）支撑头总成与钢支撑节段的现场拼装

现场施工人员完成支撑头总成与钢支撑法兰之间、相接钢支撑法兰之间的拼接，均采用螺栓连接：①两种接头均采用六角高强螺栓连接，采用扭矩扳手施拧时，应在螺母上施加扭矩，初拧扭矩应为终拧扭矩的 50%；②TH-AFS（A）支撑头总成连接板厚度为 40mm，钢支撑法兰盘连接板厚度为 40mm，螺母长度 20mm，故总成与钢支撑之间的连接需使用 M24×110 规格高强螺栓；③接头处强度不应低于构件的截面强度，支撑头端部的矩形钢板上所有螺栓孔位置的综合形心应与支撑头总成的受力形心、钢支撑轴线保持一致；④螺栓紧固后，连接面应密贴，局部空隙应不大于 2mm，螺栓尾部螺纹应留出 5mm，螺母下应放大垫圈。

5）钢支撑轴力伺服系统托架安装

将在工厂预制好的挂板悬挂至固定端钢围檩上的标记位置，并在伺服端的钢围檩上对应标记处完成三角形牛腿板的焊接：①伺服钢支撑固定端的托架采用挂板形式，伺服端支撑头托架为成对三角形牛腿板形式；②在挂板悬挂前检查挂板焊接部位是否牢固；③悬挂挂板时，务必保证悬挂位置的精确，保证钢支撑轴线与挂板中心线对齐；④伺服端的牛腿板为 400mm×250mm×30mm 的三角形钢板，两块牛腿板中心线间距为 500mm，牛腿底部与钢围檩底部齐平。

6）伺服钢支撑吊装

采用吊车将已拼接完成的钢支撑平稳吊放在托架上。第一层钢支撑可整节拼装，但对于第二层及以下的钢支撑，由于在施工时已经形成第一道钢支撑系统和临时立柱间的连系梁，已无空间条件将伺服钢支撑在地下结构外拼接成整体之后再直接吊装至设计位置，故第二层及以下的钢支撑可采取分节吊装的方式，先进行一部分节段的吊装，再完成剩余节段的吊放，并完成节段间的连接。优先吊放节段的一端吊放至托架上，另一端临时放置于连系梁上。对于伺服钢支撑，在钢支撑节段数量不多的情况下，可先将未与支撑头总成相连的其他节段拼装成一段进行吊放，然后再完成剩余节段的吊放(图8.2-8)。吊装过程应注意下列事项：①根据起重机能力以及支撑长度，对起吊点进行荷载分配。采用两点吊装时，吊点一般以离端部$0.2L$（$L=$支撑长度）左右为宜；②起重荷载不宜超过其起重能力的80%；③转运前应检查连接是否牢固，方向是否正确，确认无杂物附着，防止有杂物掉落伤人；④就位前应调整整根钢支撑姿态水平，安装间隙适合、轴线正确、托架牢固方可就位；⑤挖掘机、起吊设备或吊装钢支撑时，严禁撞击已安装完成的钢支撑；⑥起吊过程中若需要斜吊，务必保持支撑头总成朝上放置。

图8.2-8 钢支撑分节吊放

钢支撑安装允许偏差应符合以下规定：①支撑轴线水平偏差：30mm；②支撑中心标高偏差：30mm；③支撑两端标高偏差：不大于20mm和$L/600$（L为支撑长度）；④支撑纵向弯曲：不大于$L/1500$且不大于15mm。

当在接近吊放位置后，再由施工作业人员对钢支撑位置进行精确调整，调整完成后，方可拆除两端的吊绳。若采用分节吊放，应同时确保第二节段两端吊放位置的准确性，务必保证两节段支撑的轴线位于同一直线上，调整结束后及时进行前后吊放节段的螺栓连接工作，连接完成后方可拆除吊绳。

在整根伺服钢支撑吊放至设计位置且确认位置无误的情况下，进行钢连系梁上U形抱箍的焊接工作，以降低钢支撑在施加轴力后发生失稳的可能性。抱箍焊接结束后需检查焊接部位是否牢固。

7）数控泵站布置及传感器、管线安装

将数控泵站合理安置在地下结构附近，并完成超声波位移传感器、油管、线缆的安装。以TH-AFS（A）型号钢支撑轴力伺服系统为例，一个泵站可连接8个支撑头总成。由于地下围护结构的施工是分层进行的，当完成了上一层的内支撑施工后，才开始下一层的土方开挖及内支护结构的施工，故一个泵站通常仅控制某一层相邻的8根伺服钢支撑。为尽可能缩短数控泵站与支撑头总成间的距离，以减少油管压力损失，数控泵站安放区域一般布置在8根伺服钢支撑的居中位置，并尽可能靠近支撑头总成。另外，伺服钢支撑往往采取多层布置的方式，故每个泵站安放区域处应放置多台泵站分别控制不同水平高度的伺服钢支撑，如图8.2-9所示。

超声波位移传感器直接安装在钢套箱上预留的安装位置，超声波位移传感器上刻有螺纹，作业人员仅需将传感器拧入钢套箱上的预制螺纹孔洞中即可。安装完成后必须检查安装是否牢固，同时确认钢套箱活动板上预制的声波反射板未出现松动，如图8.2-10所示。

数控泵站每个通道包含3个接口，分别为油缸上腔接口、油缸下腔接口和传感

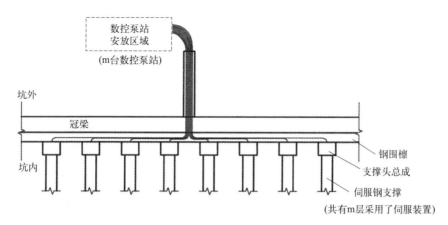

图 8.2-9 数控泵站区域分布示意

器位移采集接口,分别通过油管、线缆与支撑头总成内的千斤顶、超声波传感器相连(图 8.2-11)。为避免泵站连出的管线给地下结构附近的施工作业造成不便,可在泵站与地下结构边缘之间的路面上用切缝机和电镐开凿一条沟槽作为管线铺设的通道(图 8.2-12)。油管连接时,应注意以下几点:①连接前,应检查管路中是否存在杂质和金属铁屑,如存在应立刻清理;②管路布置时应尽量减少管路的弯曲,且避免出现曲率半径小的场景;③连接接头尽可能少,每一处多余接头都存在泄漏的潜在危险;④钢支撑应在挖土结束具备安装条件后 16h 内安装完成。

图8.2-10 超声波位移传感器线缆连接

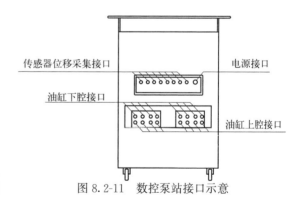

图 8.2-11 数控泵站接口示意

8)安装激光收敛计

① 激光收敛计和反光板的安装、固定。

在安装固定前应首先进行测量、放线,确定激光收敛计和反光板的安装位置,并进行标记。一般情况下,激光收敛计应与测斜管安装在围护结构的同一位置,通过二者监测数据的相互校核,能更加准确地预测围护结构的变形趋势。沿竖直方向,需在每个伺服钢支撑的上方 40~50cm 处分别安装一台激光收敛计,可采取从测斜孔顶端位置向下方放样来完成安装位置确定。

103

激光收敛计和反光板均采用膨胀螺栓固定在围护结构上，固定时，尽可能保证仪器与标记位置的对齐，有利于减少后续的激光方位调整，如图 8.2-13 所示。

图 8.2-12　数控泵站接口处管线连接效果　　　图 8.2-13　激光位移收敛计安装效果

② 激光收敛计线路连接及方位调整。

在地下结构边缘安装用于采集监测数据的无线采集盒，并完成激光收敛计与采集盒的线缆连接。连接完毕后，使激光收敛计发射激光，并不断调整激光发射端的发射方位，直到激光红点位于对应反光板中央，且在主机上能接收到返回的激光信号，此时，激光收敛计方位校对完成。

9）设置参数及施加轴力

（1）参数设置

根据设计方案的要求，在主机上输入待加压支撑的编号及轴力预加值、设计报警值、极限报警值。轴力预加值为千斤顶的初始加压值。设计报警值包括低位报警值和高位报警值，当钢支撑轴力低于低位报警值时，钢支撑轴力伺服系统会进行轴力的自动补偿；高位报警值则大于预加值，起到提醒监测人员注意的作用；而当钢支撑轴力达到甚至超过极限报警值时，系统会自动报警，监测人员收到报警信息后应及时通知施工单位、设计单位，采取相应的应急措施。极限报警值通常应小于钢支撑轴力极限值 200kN 以上。

（2）轴力施加

确认泵站内油量充足后，进行千斤顶的加压工作。考虑到千斤顶加压后一段时间内油压会出现部分损失，将加压工作分为三步进行：①首先通过人工直接在数控泵站上加压，约加压至预加值的 50%；②静置一段时间后，待压力值趋于稳定，在泵站上进行二次加压,在达到预加值80%左右后停止加压;③再次静置一段时间后,待压力值基本不再变化,在主机上进行远程加压,待压力值达到预加值后,终止加压,至此加压工作全部完成,如图8.2-14所示。

若在第一步加压完成后的间歇期内,油压的损失很小,且压力接近预加值,可直接进行第三步的加压过程,即采取两步加压。轴力施加过程中应注意以下事项:①轴力施加前,钢围檩与围护结构间的空隙用微膨胀高标号水泥砂浆或细石混凝土填实,待达到一定强度后,才能开始加压工作;②加压完成后应对双机械锁进行施拧完成轴力锁定,确保在千斤顶失效等工况下支撑体系的安全;③加压完成后,及时在伺服钢支撑两端采取预防脱落措施,即用固定于围护结构墙上的钢绳套在支撑端头,预防钢支撑从牛腿或挂板上意外脱落;④预应力施加完成后应再次复拧每组法兰的每个螺栓,并目测支撑挠度(偏心)等是否符合要求。

10)电子温度计安装

在地下结构附近设置一台电子温度计,对现场的气温变化进行实时监控。温度计应安放在阴凉处,避免阳光直晒。此外,电子温度计可直接与数控泵站相连,无须额外供电,如图8.2-15所示。

 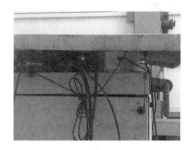

图8.2-14 钢支撑轴力伺服系统施工完成后效果　　图8.2-15 电子温度计安装效果

11)现场监控及报表生成

在使用钢支撑轴力伺服系统对千斤顶行程、千斤顶压力、双侧壁收敛及气温进行自动监测的同时,伺服专业单位人员应及时跟踪地下结构及周边环境变形等监测数据,监测过程中应做到:①伺服专业单位通过中央监测系统输出支撑轴力(次/h)日报表,必要时绘制变化曲线图;②在后续的地下结构开挖阶段应每天阅读监测日报表,并结合地下结构开挖工况,对支撑轴力、围护变形及对应位置坑外地表沉降的变化关系进行综合分析及预测,及时发现地下结构可能出现的重大安全隐患;③伺服专业单位在收到轴力、变形累积值及日变化速率报警时,应及时与施工单位、设计单位沟通,经申请同意后方可调整支撑轴力;④地下围护结构产生负位移或受拉时,施工单位应牵头与设计单位沟通并分析原因,必要时申请调整伺服钢支撑轴力。

12)系统参数与主控软件

支撑轴力伺服系统由补偿节(含千斤顶)、数控泵站、主机及软件系统共同组成。数控泵站响应主机控制指令，驱动油路通道连接的千斤顶，并且根据内置油压与位移传感器的测量值适时调控，从而实现油压和行程的双控。每个项目可根据需要合理配置数控泵站、补偿节（含千斤顶），补偿节独立控制互不影响，系统参数如图 8.2-16 所示。

TH-AFS(A) 数控泵站

参数	值
功率	2.2kW
电压	AC380V
控制通道数	8通道
最大流量	1.89L/min
额定工作压力	63MPa
最大工作压力	70MPa
油箱容量	150L
压力测量量程	0~70MPa
压力测量精度	0.5%FS
位移测量量程	30mm~250mm(可选)
位移测量分辨率	0.1mm
位移测量精度	0.5%FS
通信方式	无线
通信工作效率	433MHz
通信传输距离	1.0km(空旷场地)
无线通信发射功率	27dbm(0.5W)
外形尺寸	1100mm×1200mm×1480mm

图 8.2-16　系统参数

8.3　D 型一体化智能支撑头总成系统

D 型一体化智能支撑头总成系统是一种应用于基坑支护控制变形，保障施工及周边结构物安全的全自动伺服系统，如图 8.3-1 所示。该系统采用分布式结构，各个支撑头总成互相独立。区别于传统支撑，该系统将支撑结构、控制系统组合在一起，内置嵌入式控制器、液压缸、液压站、传感器，智能化程度高，相比较大型集中式泵站，可避免出现因单个油路泄漏或爆管而影响其他支撑的情况发生，同时避免集成液压站等液压动力元件故障而导致全系统瘫痪的问题，通过采用无管路设计，可较大程度地分散系统性风险，提高整体可靠性。其优点还在于：防护等级高，可水下工作；全自动机械锁，按需随动调整机械锁，动态响应率高，无须人工操作；24h 全程监控，多级冗余安全报警机制，自动保护；灵活兼容 609、800 钢支撑的安装，可根据需要自由搭配组合。系统参数如图 8.3-2

所示。

图 8.3-1 D型一体化智能支撑头总成系统

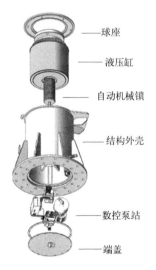

项目	参数
工作轴力	0~500t
工作行程	0~200mm
轴力控制精度	0.5%FS
额定工作油压	63MPa
输入电压	48VDC
最大功率	600W
通信接口	RS485
保护装置	自动机械锁
外形尺寸	φ970×1040mm(以实物为准)
重量	≤1.5t(以实物为准)

图 8.3-2 系统参数

8.4 同步顶升系统

同步顶升系统由主机、数控泵站、液压缸、传感器、应用软件等部分组成，可根据项目使用需求灵活搭配，实现对大型结构物平推、顶升、提升、转体等安装、纠偏调整工作，系统参数如图 8.4-1 所示。该系统精度高、同步误差小、智能便捷、自动化程度高，采用分布式结构，安全可靠。

参数	值
电源	48VDC
额定工作压力	63MPa
压力传感器精度	0.5% FS
压力传感器量程	70MPa
位移传感器精度	0.5%FS
位移传感器量程	30~250mm(可选)
通信方式	无线通信,通信距离≥200m
外形尺寸(长×宽×高)	460mm×350mm×700mm
泵站重量	60kg

图 8.4-1　系统参数

8.5　本章小结

（1）本章节研发了结构体系变形智能伺服控制成套技术与装备，发明支撑轴力实时补偿系统解决大规模结构体系支撑群协同作用难题，研发自调平增压双作用液压油缸系统保障结构轴力的高效传递，发明支撑系统高精度随动自锁装置避免系统故障引发失稳。

（2）研发了一种应用于基坑支护控制变形，保障施工及周边结构物安全的全自动伺服系统，可实现 24 小时全程监控，多级冗余安全报警机制，自动保护。同时，灵活兼容 609、800 钢支撑的安装，可根据需要自由搭配组合。

（3）研发了同步顶升系统，其精度高、同步误差小、智能便捷、自动化程度高，采用分布式结构，安全可靠。

参考文献

[1] FENG D, FENG M Q, OZER E et. al. A vision-based sensor for noncontact structural displacement measurement [J]. Sensors, 2015, 15: 16557-16575.

[2] BAI H, LI S, BARREIROS J et. al. Stretchable distributed fiber-optic sensors [J]. Science, 2020, 370: 848-852.

[3] FENG W-Q, YIN J-H, BORANA L et. al. A network theory for BOTDA measurement of deformations of geotechnical structures and error analysis [J]. Measurement, 2019, 146: 618-627.

[4] GHAFOORI Y, MACEK M, VIDMAR A et. al. Analysis of Seepage in a Laboratory Scaled Model Using Passive Optical Fiber Distributed Temperature Sensor [J]. Water, 2020, 12: 16.

[5] GONG H, KIZIL M S, CHEN Z et. al. Advances in fibre optic based geotechnical monitoring systems for underground excavations [J]. International Journal of Mining Science and Technology, 2019, 29: 229-238.

[6] LU Y, SHI B, WEI G et. al. Application of a distributed optical fiber sensing technique in monitoring the stress of precast piles [J]. Smart Materials and Structures, 2012, 21: 115011.

[7] SASY CHAN Y W, WANG H-P, XIANG P. Optical Fiber Sensors for Monitoring Railway Infrastructures: A Review towards Smart Concept [J]. Symmetry, 2021, 13: 2251.

[8] SOGA K, LUO L. Distributed fiber optics sensors for civil engineering infrastructure sensing [J]. Journal of Structural Integrity and Maintenance, 2018, 3: 1-21.

[9] YONEYAMA S, KIKUTA H, KITAGAWA A et. al. Lens distortion correction for digital image correlation by measuring rigid body displacement [J]. Optical engineering, 2006, 45: 023602-023602-023609.

[10] YOON H, ELANWAR H, CHOI H et. al. Target-free approach for vision-based structural system identification using consumer-grade cameras [J]. Structural Control and Health Monitoring, 2016, 23: 1405-1416.

[11] ZENI L, PICARELLI L, AVOLIO B et. al. Brillouin optical time-domain analysis for geotechnical monitoring [J]. Journal of Rock Mechanics and Geotechnical Engineering, 2015, 7: 458-462.

[12] 曹萌芽. 城市轨道交通大型地下空间结构抗震性能设计 [J]. 工程建设与设计, 2021, (19): 91-93+120.

[13] 曾国华, 汤志立. 城市地下空间一体化发展的内涵、路径及建议 [J]. 地下空间与工程学报, 2022, 18 (3): 701-713+778.

[14] 陈湘生, 洪成雨, 苏栋. 智能岩土工程初探 [J]. 岩土工程学报, 2022, 44 (12): 2151-2159.

[15] 陈湘生, 李克, 包小华, 等. 城市盾构隧道数字化智能建造发展概述 [J]. 应用基础与工程科学学报, 2021, 29 (5): 1057-1074.

[16] 陈湘生, 王雷, 阳文胜, 等. 双洞密贴顶管法装配式地铁车站建造方案及其力学性能研究 [J]. 隧道建设（中英文）, 2023, 43 (7): 1089-1098.

[17] 冯帅克, 郭正兴, 刘毅, 等. 装配式地铁车站外墙-底板节点抗震性能研究 [J]. 中南大学学报（自然科学版）, 2023, 54 (1): 259-268.

[18] 甘淇匀, 周建. 国内外隧道监控量测技术发展现状综述 [J]. 地下空间与工程学报, 2019, 15 (S_1): 400-415.

[19] 耿佳名. 装配地下车站重载预应力叠合板受力性能研究 [D]. 南京: 东南大学, 2021.

[20] 贺志军, 雷皓程, 夏张琦, 等. 多层软土地基中单桩沉降与内力位移分析 [J]. 岩土力学, 2020, 41 (2): 655-666.

[21] 黄色吉, 许燕玲, 杨雪君, 等. 实时跟踪焊缝特征的感兴趣区域特征提取算法 [J]. 上海交通大学学报, 2016, 50 (12): 1877-1880.

[22] 李蕊. 临近地铁隧道的基坑支护变形控制 [J]. 建筑技术开发, 2021, 48 (13): 145-146.

[23] 刘毅, 潘清, 郭正兴, 等. 新型装配叠合整体式地下车站关键技术研究 [J]. 现代城市轨道交通, 2021, (5): 68-73.

[24] 欧飞奇. 地铁预制装配式车站结构抗震性能数值研究 [J]. 现代城市轨道交通, 2023, (9): 81-88.

[25] 裴行凯, 麦家儿, 何冠鸿, 等. 装配式地铁车站二次结构构件连接节点性能研究 [J]. 广东土木与建筑, 2019, 26 (11): 101-107.

[26] 彭华春, 张康康, 时松, 等. 节段预制拼装桥梁研究综述 [J]. 铁道标准设计, 2022, 66 (10): 75-83.

[27] 孙阳阳, 王源, 章征林, 等. 表面粘贴式光纤布拉格光栅应变传递规律分析与实验研究 [J]. 功能材料, 2016, 47 (7): 7046-7050.

[28] 田胜利, 葛修润, 涂志军. 隧道及地下空间结构变形的数字化近景摄影测量试验研究 [J]. 岩石力学与工程学报, 2006 (7): 1309-1315.

[29] 屠海令, 赵鸿滨, 魏峰, 等. 新型传感材料与器件研究进展 [J]. 稀有金属, 2019, 43 (1): 1-24.

[30] 王猛. 后疫情背景下的中铁L局国际工程承包目标市场研究 [D]. 北京: 北京交通大学, 2021.

[31] 王梦恕. 21世纪我国隧道及地下空间发展的探讨 [J]. 铁道科学与工程学报, 2004 (1): 7-9.

[32] 王南苏, 洪成雨, 刘文丽, 等. 基于分布式光纤传感技术的地铁基坑支撑的力学性能研究 [J]. 现代隧道技术, 2020, 57 (S1): 877-883.

[33] 王钰茹, 田石柱. 基于OFDR裸光纤表面粘贴式应变传递的分析及试验研究 [J]. 激光与光电子学进展, 2021, 58 (19): 162-169.

[34] 王志杰, 李振, 蔡李斌, 等. 基坑钢支撑伺服系统应用技术研究 [J]. 隧道建设 (中英文), 2020, 40 (S2): 10-22.

[35] 王中锐, 朱少华, 陈阳, 等. OFDR分布式光纤传感在深层土体水平位移量测中的应用研究 [J]. 光电子技术, 2021, 41 (4): 295-302.

[36] 吴锋波, 郑卫强. 盾构隧道监测控制指标研究现状与展望 [J]. 河北地质大学学报, 2021, 44 (5): 84-89.

[37] 肖和华, 金鼎沸. 基于机器视觉的路基沉降监测方法研究 [J]. 铁道科学与工程学报, 2015, 12 (6): 1365-1368.

[38] 徐海惠. 基于内支撑体系的深圳地铁装配式车站整体结构受力特征分析 [D]. 北京: 中国铁道科学研究院, 2023.

[39] 许平. 大型城市地下空间结构抗震设计方案探究 [J]. 建材发展导向, 2020, 18 (4): 84-85.

[40] 许薛军, 张肖宁. 基于双目视觉的公路边坡表面位移识别方法 [J]. 中国公路学报, 2015, 28 (4): 27-34.

[41] 杨秀仁. 我国预制装配式地铁车站建造技术发展现状与展望 [J]. 隧道建设 (中英文), 2021, 41 (11): 1849-1870.

[42] 叶肖伟, 董传智. 基于计算机视觉的结构位移监测综述 [J]. 中国公路学报, 2019, 32 (11): 21-39.

[43] 张桂花. 表面黏贴式光纤光栅传感原理及其实验研究 [D]. 西安: 西安科技大学, 2013.

[44] 张建芳, 张继清. 新型预制装配式地铁车站结构及造价指标研究 [J]. 铁道工程学报, 2021, 38 (8): 96-101.

[45] 张敏, 杨玉坤, 徐文希, 等. 某大型地下空间结构抗震设计方法分析 [J]. 建筑结构, 2017, 47 (20): 66-72.

[46] 章征林, 高磊, 孙阳阳, 等. 分布式光纤传感器应变传递规律研究 [J]. 中国激光, 2019, 46 (4): 285-293.

[47] 朱鸿鹄, 殷建华, 靳伟, 等. 基于光纤光栅传感技术的地基基础健康监测研究 [J]. 土木工程学报, 2010, 43 (6): 109-115.

[48] 朱旻, 孙晓辉, 陈湘生, 等. 地铁地下车站绿色高效智能建造的思考 [J]. 隧道建设 (中英文), 2021, 41 (12): 2037-2047.